Daniel R. Gygax

Was bedeutet für Sie Freundschaft?

100 Menschen aus der ganzen Welt geben Antwort

Mitwirkung: Isabela B. Gygax

Ein Monoquestion® Buch

one book one question

Einleitung

Mit dem vorliegenden Buch über die Freundschaft schließt sich der Kreis, den ich vor zehn Jahren um die Erde zu ziehen begann. In über fünfzig Ländern habe ich immer wieder dieselben drei Fragen gestellt; mehr als dreihundert Menschen aus der ganzen Welt haben mir dabei ihre Gedanken über das Glück, ihre Träume und über die Freundschaft anvertraut. Im Rahmen dieses humanistischen Projekts entstand aus jeder Frage ein Buch – wider die Statistik, der Mensch im Mittelpunkt.

Im Jahr 2007 erschien der erste Band über das Glück und wurde nicht ganz unerwartet zum Bestseller. Euphorisiert von diesem Erfolg stellte ich im darauffolgenden Jahr aus dem gesammelten Material das zweite Buch über die Träume der Menschen zusammen; auch dieses wurde vom Markt freundlich aufgenommen. Der dritte Band »Was bedeutet für Sie Freundschaft?« war ursprünglich für das Jahr 2009 angekündigt, der Erscheinungstermin wurde jedoch um ein Jahr aufgeschoben und verzögerte sich dann nochmals um ein paar Jahre. Dies lag zum einen an privaten und geschäftlichen Verpflichtungen, zum anderen an zusätzlichen Interviews, die nötig wurden, um die Qualität der vorausgegangenen Bücher zu halten. Nun, sieben Jahre später, nach zehn weiteren Reisen und Dutzenden neuen Gesprächen wird das Unfertige fertig, ein Versprechen eingelöst.

Die Porträts stammen aus einer zehnjährigen Periode und folgen einander ohne chronologisches Muster. Ich bin überzeugt, dass trotz der fortschreitenden Globalisierung und des technischen Fortschritts zeitlose Fragen auch zeitlose Antworten liefern; Antworten, die in ihrem spezifischen Kontext ihre Gültigkeit für immer bewahren. Dass der eine oder andere Protagonist über die Zeit vielleicht anders antworten würde, ist hinzunehmen; das liegt in der Natur der Sache. Möglicherweise kennen Sie bereits einige Personen aus einem der Vorgängerbände, vielleicht sogar aus beiden. Die Absicht dahinter ist zum einen, eine gewisse Vertrautheit zu schaffen, zum anderen waren die Aussagen über die Freundschaft bereits berücksichtigter Gesprächspartner manchmal einfach zu passend, um sie zu ignorieren.

Die Trilogie selbst und insbesondere auch dieses Buch sind auf dem Boden der Freundschaft gewachsen. Viele Freundinnen und Freunde und noch mehr Freundinnen und Freunde von Freunden halfen mir bei der Realisierung dieses Werks. Sie motivierten mich, das dritte Buch anzupacken, unterstützten mich tatkräftig bei der Suche nach Interviewpartnern und leisteten wertvolle Hilfe bei der Umsetzung meiner Ideen. Ihnen sei ganz herzlich gedankt. Danken möchte ich aber auch all jenen treuen Leserinnen und Lesern, die über die Jahre immer wieder höflich nachfragten, wann denn nun endlich mit dem Freundschaftsbuch zu rechnen sei, und die geduldig auf dessen Erscheinen warteten. Jetzt ist es da.

Herzlichst
Ihr
Daniel R. Gygax

Scynder, 20, Partyhelferin, San Miguel del Padron, Kuba:

Scynder, was bedeutet für dich Freundschaft?

An den Wochenenden gibt es für die Habaneros und die Jugend aus den Vororten Havannas keine schönere Beschäftigung als auf dem Malecon, der wohl weltweit längsten Uferpromenade, zu flanieren, zu flirten, zu chillen, abzuhängen. Harold, Jaroidey, Angel und Scynder sind Freunde, zwei Paare, eine herrliche Clique. Scynder und ihre Freundin begegnen mir interessiert-kokett, Harold und sein Freund zurückhaltend, aber respektvoll. Während die jungen Frauen als Partyhelferinnen bereits ihren Lebensunterhalt bestreiten, besuchen die beiden jüngeren Kerle noch die Schule. »Was, du bist nicht bei Facebook?«, fragt Scynder beim Abschied ungläubig. Mein Vorschlag, ihr die Fotos vom »Shooting« über den Account meiner Tochter zukommen zu lassen, lässt das It-Girl sichtlich aufatmen. »Na, dann ist ja alles gut und wir können Freunde bleiben«, zwinkert sie mir zu.

Ein unbeschreibliches Gefühl! Freundschaft ist wie Poesie.

Shahrin, was bedeutet für Sie Freundschaft?

Shahrin, 43, Imam, Watervillage, Brunei:

Als Moslem kann ich mit jedem Menschen Freund sein, unabhängig von Rasse oder Religion. Das ist es, was ich lehre. Die Menschen müssen einander unterstützen und zusammenhalten. Genau das vermag Freundschaft zu leisten.

Es ist Mittagszeit und aus der Moschee ertönt der melodiöse Gesang des Muezzins. Das lockt neben vereinzelten Männern in traditionell muslimischer Kleidung auch mich an. Nach dem Gottesdienst werden meine Begleiterin Nil und ich gebeten, einzutreten und Platz zu nehmen. Der freundliche Imam stellt sich als Shahrin vor und fragt gleich zu Beginn in per-fektem Englisch, ob ich Muslim sei. Wir müss-ten wissen, versichert er uns, dass die Moslems in Brunei jegliche Ge-walt ablehnen würden und es hier keine Terro-risten mit Sprengstoff-gürteln gebe. Als Imam ist er natürlich der Überzeugung, dass der Islam die einzig richtige Religion sei, und er selbst ruft singend zum Gebet. Tief im Innern aber ist der bekennende Skorpions- und Bon-Jovi-Fan wohl doch ein Rocker geblieben. »Warum haben Sie mich anfangs gefragt, ob ich Muslim sei?«, frage ich zum Abschied. Er lä-chelt und antwortet streng religiös: »Ganz einfach: Ich wollte wis-sen, ob ich Sie mit ›Sa-lam aleikum‹ oder mit ›Guten Tag‹ begrüßen muss.«

Erinelda, was bedeutet für Sie Freundschaft?

Alle 600 verheirateten Frauen des 2000-Seelen-Dorfs stehen unter ihrer Obhut: Als Präsidentin der Frauen von Playón Chico instruiert und überwacht Erinelda die verpflichtenden gemeinnützigen Tätigkeiten der weiblichen Gemeindemitglieder. Erinelda ist eine starke Frau, hochgeachtet und mit einer natürlichen Autorität ausgestattet. Kein Wunder: Die entlegensten Seitengassen im Dorf sind ebenso peinlich sauber gewischt wie die sandige Hauptstraße, die gemeinschaftlich bewirtschafteten Agrarflächen sind gut bestellt und die allermeisten Kinder kommen pünktlich zur Schule. Ich frage Jenny, meine Übersetzerin und Vermittlerin im Dorf, was wohl passiere, wenn eine Frau ihre Aufgaben nicht korrekt erfülle. Sie schaut mich an und sagt mit einem wissenden Lächeln: »Oh, dann setzt es was!«

Erinelda, 48, Präsidentin der Frauen, Playón Chico, Panama:

Freunde grüßen einander immer mit Freude und ohne Angst. Sie stehen in einer speziellen Beziehung zueinander; sie begegnen sich mit Liebe.

Eindayi, was bedeutet für dich Freundschaft?

Eindayi, 31, Nonne, Ye', Myanmar:

Freundschaft macht glücklich. Im Kloster habe ich eigentlich keine Freundinnen, dafür von früher, aus der Primarschule. Mit denen stehe ich noch in regelmäßigem Kontakt. Wie? Über Facebook!

In Yangon läuft mir Eindayi über den Weg. Sie ist eine Sila-Rhan, eine buddhistische Nonne. Eindayi ist nicht allein, acht jüngere Nonnen folgen ihr in Zweierreihe. Als sie sich dazu bereiterklärt, mit mir zu sprechen, nützen die Novizinnen das dazu aus, sich etwas abseits, aber noch in Sichtweite unbeschwert zu amüsieren. Eindayis sorgenvolle Blicke in die Richtung ihrer Schützlinge lenken sie zwar manchmal ab, andererseits gebietet ihr das Pflichtbewusstsein, das Gespräch zu Ende zu führen. In Burma können die Nonnen nicht ordiniert werden. Die Hüterinnen der Moral genießen jedoch in der Bevölkerung ein hohes Ansehen. 2007 protestierten sie Seite an Seite mit den Mönchen gegen die Militärdiktatur. Im November 2015 wurden die ersten freien Parlamentswahlen seit fünfundzwanzig Jahren durchgeführt – auch dank Frauen wie Eindayi. Heute hat sie nur mehr ein Ziel: alles über den Buddhismus zu erfahren und in einem ihrer nächsten Leben irgendwann mal das Nirwana zu erreichen.

Dario, 71, Rentner, Tabio, Kolumbien:

Wertschätzung einer Person; sich stillschweigend verstehen. Freundschaft macht glücklich.

In Kolumbien wird derzeit nach fünfzig Jahren Guerillakrieg nichts Geringeres als der Friede verhandelt. Die Einwohner der modernen Hauptstadt stehen diesem Friedensprozess mit gemischten Gefühlen gegenüber. Wem soll man in diesem Land eigentlich noch trauen? Im kleinen Dorf Tabio, eine halbe Stunde vom Zentrum entfernt, treffe ich Dario, der mit seinem Freund César auf einer Parkbank auf der Plaza de Armas den Abend genießt. Ich frage Dario, was sie denn als Pensionierte den ganzen Tag so tun. »Meistens dasselbe«, antwortet er. Morgens gehe er nach Bogotá, um mit ehemaligen Arbeitskollegen einen Tinto, einen kleinen schwarzen Kaffee, zu trinken, mittags mache er zu Hause ein Nickerchen und abends komme er hierher, wo er sich mit César oder anderen Freunden treffe. »Und dann schwatzen wir über fast alles; aber glauben Sie, nur ganz selten über Politik, denn davon haben wir hier echt die Nase voll.«

Dario, was bedeutet für Sie Freundschaft?

Preetam, was bedeutet für Sie Freundschaft?

Preetam, 43, Portier, Mumbai, Indien:

Ich würde dafür sterben!

Noch nie konnte ich in einer Stadt so unbekümmert in ein offizielles Taxi steigen und mich zu meinem Hotel fahren lassen wie in Mumbai. Dank Preetam, dem Portier des Hauses. Regelmäßig bat ich ihn nach der Fahrt, den Preis für mich auszuhandeln; unseriöse Taxifahrer zogen daraufhin immer zähneknirschend von dannen. Preetam arbeitet bereits seit zwanzig Jahren in dieser Stellung. Er ist ein Sikh. Früh musste sich diese friedliche Religionsgemeinschaft gegen ihre muslimischen Feinde verteidigen lernen. Mutig das Schwert zu führen, wurde bei den Männern zur Pflicht. Ihren Ruf als gefürchtete Krieger haben sich die Sikhs bis heute bewahrt. Preetam erklärte mir, dass jeder Sikh fünf Elemente bei sich tragen muss: einen Turban, einen Kamm (die Haare dürfen nicht geschnitten werden), einen Metallarmreif, knielange Hosen und einen Dolch, der ihn an die moralische Pflicht erinnert, Leben zu schützen. Als wir uns verabschieden, schaut mir Preetam tief in die Augen und reicht mir die Hand. Diesen festen Händedruck vergesse ich nie. Ich glaube Preetam jedes Wort.

Pilar, 54, Kioskteilhaberin, Barcelona, Spanien:

Ein wunderbares Gefühl. Wie Liebe ohne Egoismus. Großzügigkeit. Doch etwas ist klar: Probleme muss man allein lösen. Eine Freundschaft darf nicht benutzt werden, um seinen Müll abzuladen, man muss ganz behutsam damit umgehen.

Pilar arbeitet mit zwei Freundinnen in einem Kiosk im Stadtteil Barceloneta, direkt am Meer. Ich kaufe ein paar Mal dort ein; das Trio – allen voran Pilar – ist immer freundlich und supergut gelaunt. Sie haben dermaßen Spaß miteinander, dass ich meistens erst ein paar Minuten mitscherzen muss, bevor ich etwas kaufen darf. Was ist wohl ihr Geheimnis? Pilar ist ein positiver Mensch. Alles macht sie glücklich: aufwachen, das Meer anschauen, die Familie, Menschen beobachten, die Liebe sehen – in den Augen der anderen. Sie träumt von einer Welt, in der die Beziehungen zwischen den Menschen ausgeglichen sind. Einer Welt, die mutiger dagegen ankämpft, wenn die Gefühle füreinander aus dem Gleichgewicht geraten.

Pilar, was bedeutet für Sie Freundschaft?

Made, was bedeutet für Sie Freundschaft?

Made sitzt achtsam vor seinem Haus und streichelt immer wieder liebevoll seinen Hahn. Er ist Reisbauer, doch am liebsten würde er sich vollständig seiner großen Leidenschaft widmen: der Aufzucht von Kampfhähnen.

Made, 55, Bauer, Ubud, Bali, Indonesien:

Freunde helfen einander - doch es gibt Grenzen. Ein Nachbar von mir hat beim Hahnenkampf sein Haus verwettet. Da kann dann auch der beste Freund nichts mehr machen.

Donna, Wesley, ...

Auch Donna hat der Einladung ihrer Freundin Anna zu Kaffee, Kuchen und einem Interview an ihrem freien Tag gern Folge geleistet. Anna, eine nach Australien ausgewanderte Jugendfreundin meines Freunds Philipp, hat ihre Mädels genau instruiert. Deshalb ist Donna auch sehr gut vorbereitet und hat sich ihre Antworten gründlich überlegt.

Donna, 41, Managerin, Sydney, Australien:

Freunde umsorgen sich. Sie machen positive und lustige Sachen miteinander, aber sie helfen sich auch. Es gibt dabei eine gewisse gegenseitige Verpflichtung, und zwar aktiv über die Zeit hinweg. Je älter ich werde, desto schwieriger finde ich es, gute Freundschaften zu knüpfen – doch die Beziehungen werden auch immer besser. Ja, es ist ein großer Unterschied zwischen Leuten, zu denen ich freundlich bin, und Leuten, die meine Freunde sind.

... was bedeutet für euch Freundschaft?

Wesley, 47, Zimmermann, Port Vila, Vanuatu:

Wenn ich Freunde sehe, bin ich glücklich. Wenn Freunde mich sehen, sind sie glücklich.

Wesley ist ein richtig cooler Zimmermann. Von meinem Zimmer aus beobachte ich, wie er und seine Kumpels am Strand einen Bungalow bauen. Interessant: Immer wenn ein kurzes Gewitter aufzieht (und das passiert bei diesem tropischen Aprilwetter häufig), legen sie Hammer und Säge beiseite und greifen zur Angelrute. Als ich Wesley darauf anspreche, erklärt er mir, dass dies hier absolut üblich sei. Bei dem kleinen Verdienst müssen sie eben auch ein wenig schauen, wo sie bleiben – und seine Frau sei sehr glücklich, wenn er am Abend mal einen Fisch mit nach Hause bringe.

Didem, was bedeutet für dich Freundschaft?

Didem, 29, Bauchtänzerin, Istanbul, Türkei:

Hm ... Familie. Andere Freunde habe ich nicht; wahrscheinlich deshalb, weil ich eine etwas schwierige Person bin (lächelt). Aber es hat vielleicht auch damit zu tun, dass ich bekannt bin und nie weiß, ob jemand nicht nur deshalb mit mir befreundet sein möchte. Ja, das ist nicht ganz einfach ...

Was soll man tun an einem Märzabend in Istanbul bei gefühlten zwei Grad mit sommerlicher Garderobe im Gepäck? Wir gehen zum Bauchtanz. Unterdessen versucht sich Didem, eine der weltweit bekanntesten Bauchtänzerinnen, diskret an der Kasse vorbeizudrücken. Doch Selin, die Freundin meines Lektors und Türkeispezialisten Jonas, erkennt sie vom Fernsehen, fasst sich ein Herz und spricht sie an. So kommt es, dass wir nach der Show mit Didem im Tanzstudio ein Stockwerk höher zum Gespräch beisammensitzen. Die fröhliche Didem ist erstaunt, dass es sich nur um ein so kurzes Interview handelt, normalerweise wollten die Journalisten von ihr viel mehr wissen. Dafür plaudern wir dann bei türkischem Tee umso angeregter über Gott und die Welt; nicht aber über den Präsidenten – das ist uns zu heikel. »Didem, ich finde, du bist überhaupt nicht schwierig«, schmeichle ich ihr zum Abschied. Die Singlefrau lacht keck und verabschiedet sich elegant mit einem Küsschen.

Pater Justin, Swami Dandi, was bedeutet für Sie Freundschaft?

Pater Justin, 58, Mönch und Bibliothekar, Katharinenkloster, Sinai, Ägypten:

Wenn wir für die Begegnung mit Gott geschaffen wurden, dann wurden wir auch für die Begegnung mit Freunden geschaffen. Freundschaften bewegen sich ebenfalls auf einem hohen spirituellen Niveau. Durch eine Freundschaft kannst du im spirituellen Sinne wachsen, aber auch fallen, denn jede Freundschaft ist etwas Spezielles und geht unglaublich tief.

Das Katharinenkloster am Fuße des Mosesbergs ist eines der ältesten Klöster der Welt. Pater Justin ist der Bibliothekar dieser griechisch-orthodoxen Festung und als solcher verantwortlich für einige der wertvollsten Schriften des Christentums. Die derzeit akute Gefahr durch den islamistischen Terror im Nordsinai hat auch für das Katharinenkloster gravierende Folgen: Die Pilgerströme versiegen, die Touristen bleiben aus. Viele Beduinen der Region hängen direkt oder indirekt vom Kloster ab. Pater Justin ist besorgt, bleibt aber optimistisch. Aus den alten Schriften weiß er nämlich, dass es immer der gegenseitige Respekt zwischen Christen und Muslimen war, der die Geschichte seines Klosters geprägt hat.

Swami Dandi Gowind, 72, Guru, Katmandu, Nepal:

Freundschaft ist der Menschen Feind. In einer Beziehung gibt es immer verschiedene Meinungen; das führt zu Konflikten. Und wenn wir zum Beispiel für einen von zwei Freunden Partei ergreifen, dann enttäuschen wir unweigerlich den anderen. Natürlich gibt es auch positive Seiten der Freundschaft. Wahre Freundschaft jedoch kann ich nur in Beziehung zum Schöpfer erfahren. Seine Unterstützung ist universell und er kann mich nicht enttäuschen.

Swami Dandi Gowind hat mich bereits mit seinen Antworten übers Glück und über seine Träume beeindruckt. Eine Anekdote von Amer, der den Guru beherbergt, finde ich dann aber doch auch etwas unheimlich. Folgendes soll sich zugetragen haben: Amers Frau liebt Blumen. Auf dem kleinen Balkon, der weder öffentlich zugänglich noch von außen einsehbar ist, standen an diesem Tag die Orchideen in herrlicher Blüte. Und Amers Frau brachte dem Swami das tägliche Glas Milch. Als sie sein Zimmer betrat, das er seit Wochen nicht verlassen hatte, erwachte der Swami kurz aus seiner Meditation, lachte sie an und sagte erfreut: »Sie strahlen heute so schön wie die Orchideen auf Ihrem Balkon.« – »Wie konnte der Guru wissen, dass wir einen Balkon haben? Dass meine Frau dort schöne Blumen züchtet? Es gibt nur eine Antwort: Er wandert im Geiste.« An diesem Abend lösche ich beizeiten das Licht und verschwinde brav unter der Bettdecke. Man weiß ja nie.

Mohammed, Eri, was bedeutet ...

Mohammed, 12, Schüler, Sharm El Sheikh, Ägypten:

Ein Freund ist wie ein Bruder. Mein bester Freund heißt Atef; mit ihm spiele ich gern und gehe viel spazieren.

Mohammed ist ein Beduinenjunge und wohnt im Wadi Mander. Dort hilft er seinem Vater, Reisende zu bewirten, die sich nach einem anstrengenden Kamelritt ausruhen möchten. Aber nicht nur als Gastwirt, auch als Verkäufer weiß sich der Junge durchaus zu behaupten – denn schon im nächsten Augenblick sitzt er hinter einem Teppich mit Schmuck, legt einem Mädchen eine Kette um den Hals und meint, die stünde ihr wirklich ganz hervorragend.

... für euch beide Freundschaft?

Eri, 12, Schülerin, Tokio, Japan:

Ohne Freunde bin ich traurig. Besonders wenn es mir nicht gut geht, möchte ich nicht allein sein; dann richtet mich die Gegenwart meiner Freunde wieder auf. Ohne Freunde kein Leben!

Was zum Zeitpunkt des Interviews absolut exotisch schien, gilt inzwischen längst als normal: Eri und ihre neue Freundin haben sich im Internet kennengelernt und sie sehen sich an diesem Tag erst zum zweiten Mal persönlich. Kaum zu glauben: Die beiden jungen Mädchen unterhalten sich so lebhaft wie zwei beste Freundinnen, die sich lange nicht mehr gesehen und eine ganze Menge zu erzählen haben. Fast getraue ich mich nicht, sie zu stören, doch plötzlich wird es am Nebentisch still. Die zwei suchen ganz offensichtlich nach einem Thema und sind froh, dass ihnen Mariko, meine Übersetzerin, unser Projekt vorstellt.

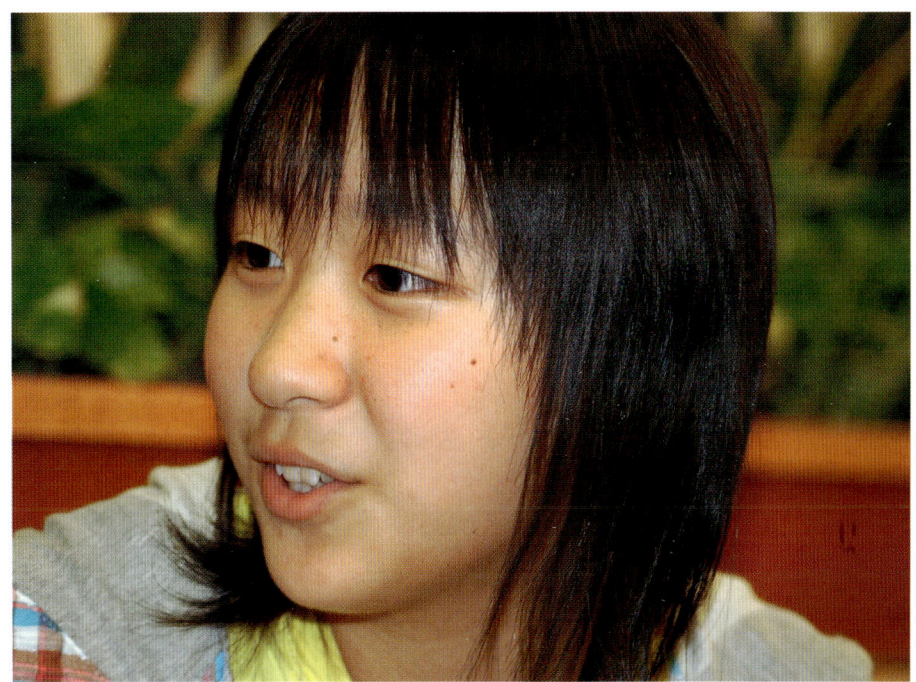

Assi, was bedeutet für dich Freundschaft?

Assi Pauline, 19, Hausfrau, Namayo, Kamerun:

Ich habe keine Freunde.

Assi treffe ich in einer Waldsiedlung in der Nähe der Stadt. Die zwangsumgesiedelten Pygmäen sind nicht geschaffen für ein Leben an der Straße; und die Regierung überlässt sie fast vollständig ihrem Schicksal. Mithilfe einer etwas eigenwilligen Übersetzerin vor Ort – ich merke, dass sie heikle Aussagen der jungen Mutter einfach überhört – verstehe ich immerhin, dass Assi froh ist, hier leben zu dürfen und nicht in die Stadt zu müssen. Viel zufriedener wäre sie aber, wenn ihr Mann öfters bei ihr wäre; doch der sei meistens in der Stadt auf der Suche nach Gelegenheitsarbeit.

Asline und Awak sind wahrscheinlich die zufriedenste Familie, die ich auf meinen Reisen antreffe. Beide sind so fröhlich und natürlich lieb zu ihren Kindern, dass ich mich in ihrer Gegenwart rundum wohl fühle. Das Dorf Matandas ist eine intakte Gemeinschaft mit tradierten Strukturen. Jedes Mitglied hat seine Aufgaben. Während Asline schaut, dass genügend Kokosnüsse verkauft werden, fischt Awak. Der Reichtum an natürlichen Ressourcen hier ist paradiesisch. Ich habe mit eigenen Augen gesehen, wie Awak vom Land aus mit dem Speer einen größeren Thunfisch gefangen hat. Das gottesfürchtige Paar besitzt nur wenige materielle Güter, doch es fehlt ihnen an nichts.

Asline, 28, Awak, 30, Subsistenzbauern, Matandas Village, Vanuatu:

Alle im Dorf sind meine Freunde.

... und Awak ist sich sicher:

Jeder ist mein Freund.

Asline, was bedeutet für euch Freundschaft?

Naïma, was bedeutet für dich Freundschaft?

Naïma, 27, Tänzerin, Paris, Frankreich:

Liebe. Zu anderen Menschen, aber auch zu sich selbst. Zuallererst sollte man sich selbst ein guter Freund sein. In einer Freundschaft möchte ich keine belanglosen Gespräche führen, vielmehr suche ich nach echten Beziehungen mit Tiefgang. Auf diese Weise staune ich immer wieder über Dinge, die ich über mich, mein Gegenüber und die Welt erfahre.

Per Anhalter ist Naïma von Budapest nach Zürich getrampt. Sehr mühsam. Nun, da das mehrwöchige Engagement am Ungarischen Tanzfestival zu Ende ist, will die Pariserin nur noch nach Hause. Dass sie ihr letztes Geld in das sündhaft teure Zugticket steckt, damit hadert sie nicht. Für die Tochter einer Sängerin und eines Philosophen ist Geld quasi bedeutungslos. Was sie wirklich interessiert, sind zwischenmenschliche Begegnungen und die Künstlerin ist sich sicher: »Die Menschen müssten viel mehr tanzen. Das befreit die Seele!« Ich selbst sehe Naïma nur einen kurzen Augenblick – als ich nämlich meiner Tochter, die am selben Tag nach Paris reist, helfe, das Gepäck zu verstauen. Die beiden verstehen sich auf Anhieb und unterhalten sich bis zu ihrer Ankunft im Gare de Lyon. Für den nächsten Tag verabreden sie sich zum Fotoshooting. Was mein Dad kann, denkt sich meine Tochter wohl, das kann ich schon lange.

Und was bedeutet Freundschaft ...

Graham vom Gasu-Clan ist ein interessanter Mann. Ich lerne ihn im Hotel kennen, wo er einmal pro Woche als Gärtner arbeitet. Meine Aufmerksamkeit erregt er, als er demonstriert, wie man mit einem Holzstab Feuer macht. Zwei Tage später lädt er mich in seinen herrlich gepflegten Garten ein, wo er behände eine Palme hochklettert und mir und seiner Familie ein paar Kokosnüsse pflückt. Und auf einer Exkursion durch den Regenwald, bahnt er mit präzisen Schlägen seiner Machete einen sicheren Weg durchs Unterholz. Doch auch jenseits der Wildnis ist Graham auf Zack. Es schmerzt mich zwar, als er sagt, auch sie müssten sich anpassen und ebenso wie der Weiße Mann in die Geldwirtschaft wechseln; verständlich ist es aber allemal. Auf seinem Grundstück möchte Graham eines Tages ein kleines Gästehaus bauen und dann übers Smartphone Zimmer auf Airbnb, einer Internetplattform, vermieten – und dies, obwohl er froh ist, dass er eigentlich kein Geld benötigt, um gut zu leben.

Graham, 32, Gärtner, Uterede, Papua-Neuguinea:

Freundschaft ist so etwas wie Liebe. Beistand. Herz und Betelnüsse. Mann oder Frau. Jung und Alt. Komm mit uns auf einen Ausflug, dann zeige ich dir die Farbe der Freundschaft hier in Papua.

... für euch?

Vicky, 42, Galeristin und Fotografin, Neuseeland:

Als ich Vicky und ihre Freundin Anita von der Straße aus durch das Schaufenster sehe, weiß ich, dass ich hier mit zwei interessanten Persönlichkeiten sprechen könnte. Doch ich muss meinen ganzen Mut zusammennehmen, um die Kunstgalerie zu betreten. Wie werden die beiden wohl auf mein Anliegen reagieren? Die Überwindung lohnt sich: Bald schon reden, scherzen und lachen wir zusammen. Einmal mehr erfahre ich, dass das offene Zugehen auf Menschen zu ganz außergewöhnlichen Begegnungen und vielleicht auch zu Freundschaften führen kann. Vicky wurde bereits im Buch »Was macht Sie glücklich?« porträtiert. Als ich der attraktiven Maori später ein Belegexemplar zuschickte, erhielt ich über ein Jahr darauf ein Dankeskärtchen. Es endete mit den schönen Worten: I Aotearoa ki te aroha! – Aus Neuseeland mit liebsten Grüßen!

Liebe! Ich akzeptiere Freunde so, wie sie sind, bedingungslos. Ich stelle auch keine allzu großen Erwartungen an sie. Bei der Wahl aber bin ich heikel. Wenn mit der Zeit Bedingungen hinzukommen, wird die Sache schwierig.

Rasha, was bedeutet Freundschaft für dich?

Rasha, 26, Produktmanagerin, Karatschi, Pakistan:

Sorgen und Glück teilen. Einem Freund kannst du alles erzählen, ohne dass er dich verurteilt. Und du weißt: Auch wenn du einmal nicht zugegen bist, wird ein Freund seine Stimme für dich erheben.

Engagierte junge Menschen wie Rasha sind es, die einem in einer verrückt gewordenen Welt den Glauben an eine bessere Zukunft wiedergeben. Rasha ist eine moderne junge Hochschulabsolventin und Mitbegründerin der Manzil School. Hier werden Kinder aus den Armenvierteln Karatschis von der Straße geholt, um in der Schule lesen und schreiben zu lernen. Die Vision der Institution ist bestechend und funktioniert: Gut vernetzte Absolventen, in der Regel aus der privilegierten Elite Pakistans, erhalten die Möglichkeit, ein Praktikum als Lehrkraft zu durchlaufen. Mit nur wenigen zehntausend Dollar Spendengeldern werden so jährlich dreihundert Kinder aus ärmsten Verhältnissen ausgebildet, die andernfalls leicht Opfer religiöser Fanatiker werden könnten. Das macht Mut.

Und für dich, Luiz?

»Schau, da kommt El primeiro del sur, der erste Frachter aus dem Pazifik«, erklärt mir Luiz nicht ohne einen gewissen Stolz. Schnell leert sich das eine Becken des Kanals, das andere hebt sich und langsam steuert das riesige Containerschiff in Richtung Atlantik. Bis zu seiner Pensionierung vor einem Jahr arbeitete Luiz im Dienste der Kanalgesellschaft – sein ganzes Leben lang, genau wie sein Vater. Gäbe es da einen geeigneteren Experten für eine Besichtigung? Bis 1999 wären wir hier auf amerikanischem Boden gestanden, dann aber zogen die Vereinigten Staaten ihre Truppen ab und übergaben den Kanal offiziell der hiesigen Regierung. Der freundliche Mann mit Panamahut kennt natürlich den besten Ort, um die Einschleusung der Schiffe zu beobachten. Und beinahe alle Angestellten hier in Miraflores: Überall auf dem Kanalgelände treffen wir alte Freunde und jedes Mal gibt es ein Riesen-Hallo.

Luiz, 62, Kranführer, Panama City, Panama:

Wenn ein Freund Sorgen hat, hast du ebenfalls welche. Wenn ein Freund lacht, lachst auch du. Wer sich mit meinem Freund anlegt, der legt sich mit mir an.

Daw Nyunt, was bedeutet für Sie Freundschaft?

Daw Nyunt, 77, Zigarrendreherin, Hleuhg Theraar, Myanmar:

Mit der Freundschaft habe ich nur gute Erfahrungen gemacht. Alle Freundinnen sind mir immer gefolgt und haben auf mich gehört. Das hat mich mit Stolz erfüllt. Heute sind sie fast alle tot - so ist wohl das Leben.

Die pensionierte Zigarrendreherin macht gerade einen Ausflug mit ihrer Nichte Pole' nach Bago. Hier steht die zwar nicht unbedingt schönste, wohl aber höchste Pagode der Welt. Vier Haare und zwei Zähne Buddhas sollen darin verborgen sein. Daw Nyunt ist hierher gekommen, um für ihre Gesundheit zu beten. In letzter Zeit gehe es ihr nicht mehr so gut, gesteht die aufgeschlossene Dame. Dann streicht sie ihrer Nichte zärtlich über das tiefschwarze Haar, gibt sich einen Ruck und sagt zuversichtlich: »Eines Tages, wenn meine Schmerzen endlich verschwunden sind, werde ich wieder so glücklich sein, wie meine junge hübsche Freundin hier.«

Es mit den Nachbarn gut haben. Gegenseitiger Respekt. Ehrlichkeit. Einander helfen.

Maximo sitzt auf einem Felsbrocken vor seinem Häuschen am Malecon. Noch. Die Regierung plant, die wertvolle Uferpromenade vollständig dem Tourismus zu öffnen und die einfachen Bewohner zwangsumzusiedeln. Ein neues Haus am Stadtrand hätten sie ihm bereits versprochen. Für die Zeit, in der ich in Havanna weile, ist Maximo mein Nachbar. Wir grüßen uns freundlich und zu späterer Stunde reicht es dann und wann auch für ein Schwätzchen. »Daniel, frag mich ein Land und ich sage dir die Hauptstadt.« Maximo weiß die Antwort immer. Der gelernte Schiffsmechaniker ist weit gereist, verlor jedoch nach dem Niedergang der Kubanischen Hochseeflotte in den Neunzigerjahren seine Anstellung. Allein der Gedanke an die Schifffahrt lässt ihn strahlen. Er genießt seine Zigarren ... und den Rum. »Ja, ich bin ein Trinker. Dazu stehe ich. Das Trinken macht mich einfach glücklich.« Er nimmt einen Zug von seiner Havanna, inhaliert, schaut voller Sehnsucht zum Horizont und bläst den Rauch aufs weite Meer hinaus.

Maximo, Hamida, was ...

Hamida, 46, Beduinin, Sinai, Ägypten:

Wenn ich gute Beziehungen zu meinen Nachbarn habe, dann ist das für mich Freundschaft.

Hamida ist eine Jebeliya–Beduinin. Ihr Clan wohnt in der Nähe des Katharinenklosters und lebt hauptsächlich von Viehzucht und Tourismus. Laut Überlieferung wurden vor rund 1 400 Jahren zweihundert römische Soldaten mit ihren Familien aus der Schwarzmeergegend und aus Ägypten zum Schutz des Klosters in die Region gebracht. Die Übernahme des Islams und die Vermischung mit anderen arabischen Beduinenstämmen haben ihr gutes Verhältnis zum Kloster bis heute nicht beeinträchtigt. Dennoch: Vor allem im Nordsinai verdienen viele Beduinen ihr Geld mit Drogen- und Menschenschmuggel. Und viele junge, heute sesshafte und verarmte Beduinen schließen sich dem Islamischen Staat an. Die Verheißungen von Geld und Freiheit sind oftmals nur allzu verlockend. Im Gespräch wirkt Hamida kurz angebunden und verschlossen. Doch ich ahne, was im Innern von Müttern wie ihr vorgeht: Wenn aufgrund des rückläufigen Tourismus auch hier im Süden die Arbeitsplätze wegfallen, sorgen sie sich um die Zukunft ihrer Söhne.

... bedeutet für Sie Freundschaft?

Gina, was bedeutet für Sie Freundschaft?

Gina, 51, Rechtsanwältin, Santiago, Chile:

Ich bin eine supergute Freundin. Freunde sind wie ein Netz, das dich in schwierigen Momenten auffängt. Freunde schenken Wärme und lassen dich schöne Momente intensiver genießen. Wenn ich traurig bin, machen es mir meine Freundinnen leichter. Männer verstehen es nicht so gut, einen zu trösten. Frauen haben ähnliche Probleme und können oft viel besser mitfühlen.

Gina sieht sich als Frau, die mit beiden Beinen fest im Leben steht und beruflich wie privat fast alles erreicht hat. Als Rechtsanwältin hat sie einen interessanten Berufsalltag, sie liebt ihren Mann und natürlich ihre beiden wundervollen Töchter. Die ältere hat soeben ihr Jurastudium erfolgreich abgeschlossen; das macht Gina besonders stolz. Dann will es die Anwältin aber genau wissen: »Warum fragst du uns das eigentlich? Sind wir nicht alle gleich und antworten dasselbe?«

Nikolai, was bedeutet für Sie Freundschaft?

Nikolai, 60, Rentner, Nowosibirsk, Russland:

Zusammen Schach spielen, trinken und sich auch ab und zu mal kräftig umarmen. Zwischen zwei Männern kann eine Freundschaft sehr stark und tief sein.

Nikolai kann sich ein Leben ohne seine Freunde nicht vorstellen. Mit ihnen spielt er täglich Schach. Mit ihnen trinkt er Wodka. Mit ihnen teilt er seine Sorgen. Der Mann mit den markanten Gesichtszügen hat es im Leben nicht immer leicht gehabt. Weshalb, das würde jetzt wohl zu weit führen, sagt er ausweichend. Glücklicherweise waren es auch keine wirklich großen Probleme, aber doch immer viele kleine: »Das setzt einem schon irgendwie zu!«, schließt er. »Ich bin wirklich froh, endlich in Rente zu sein.«

Kenneth, was bedeutet für Sie Freundschaft?

»Zuerst das Geschäftliche; dann können wir sprechen.« Kenneth oder Mister Lee, wie sich der weise Schneider auch nennt, ist in allem sehr korrekt – genauso wie er auch Maß nimmt. Geschickt verkauft er mir drei Hemden, die vier Wochen später prompt per Luftpost zu Hause eintreffen. Sie sitzen perfekt. Kaum hat er die Kreditkarte durchs Lesegerät gezogen, verschwindet er kurz, um gleich darauf wieder mit zwei Bieren in der Hand zurückzukehren. Er bittet mich, in seinem Büro Platz zu nehmen. »So«, beginnt er mit einem feinen Lächeln, »was genau wollen Sie nun wissen?«

Kenneth, 55, Schneider, Kowloon, Hongkong:

Vorausschicken möchte ich, dass nur Beziehungen, die nicht auf materiellen Dingen basieren, gute Beziehungen sind. Wenn es um echte Freundschaft geht, müssen Sie Folgendes unterscheiden: Entweder können Sie in einer Freundschaft die eigene Sprache sprechen oder die Sprache des Gegenübers. Beide dieser Freundschaften weisen ein Gefälle auf und reichen deshalb nicht wirklich tief. Wenn Sie jedoch dieselbe Sprache wie Ihr Gegenüber sprechen, dann haben Sie einen wahren Freund gefunden. Das ist extrem selten; aber es lohnt sich, davon zu träumen und danach zu suchen.

Elizabeth, ...

»Achttausendneunhundert Pesos zum Ersten, achttausendneunhundert Pesos zum Zweiten und den Zuschlag für diese wunderschöne Vase erhält der Herr mit dem Schnurrbart in der hintersten Reihe.« – Das ist die Welt von Elizabeth. Die Schwester meines argentinischen Freundes Marcelo tut ihrem Bruder gern den Gefallen, uns gleich nach ihrer stressigen Arbeit auf ein kurzes Gespräch zu treffen. Allerdings hat sie ausgerechnet heute nur wenig Zeit, weil sie mit ihrer besten Freundin verabredet ist, mit der sie einen netten gemeinsamen Abend verbringen will. Ein schöner Grund.

Elizabeth, 28, Auktionatorin, Buenos Aires, Argentinien:

Eine Person mit all ihren guten und schlechten Seiten kennen und akzeptieren. Aber auch von ihr erkannt und akzeptiert werden. Mit einem Freund kann ich schöne Momente teilen und diese besser genießen als allein. Man spürt die spezielle Affinität, man versteht sich ohne viele Worte.

... Vula, was bedeutet für euch Freundschaft?

Paraskeví (Vula), 25, Studentin, Nea Ionia / Methana, Athen, Griechenland:

Nur Seelenverwandtschaft ist reine Freundschaft. Wenn Kommunikation keine Worte benötigt - wie bei Tieren. Adonis ist solch ein Freund.

Methana hat seine Blütezeit längst hinter sich, ausländische Touristen kennen es nicht, die Griechen verschmähen es. Warum? Das ist mir ein Rätsel. Mir gefällt es in dem kleinen Städtchen am Meer, das einst für seine heilenden vulkanischen Quellen bekannt war. Und dann ist da der freundliche ›Adonis‹, der eigentlich Antonis heißt, mit seiner Strandbar und dem gepachteten Strand. Im Sommer bewirtschaftet er ihn als Bademeister und Barkeeper, im Winter kümmert er sich um seine Olivenbäume und die Weinstöcke. Seine beste Freundin Vula sitzt etwas abseits an einem Tischchen und stickt, während wir plaudern. Die beiden kennen sich seit acht Jahren. Vula kommt immer in den Sommerferien von der Hauptstadt in das Heimatdorf ihres Vaters und ist froh, sich hier mit einem echten Freund austauschen zu können. Sie schauen sich kurz an und werden beide etwas wehmütig, denn sie wissen auch ohne Worte, dass diese unbeschwerte Zeit bald wieder vorüber sein wird.

In einem Studentencafé neben der Universität von Auckland treffe ich Nadia und Rosa. Die zwei Freundinnen sind gerade in ihre Bücher vertieft und fast ein wenig froh, dass ich sie kurz vom Büffeln erlöse. Nadia ist smart, etwas zurückhaltend und eine harmonische Ergänzung zur extrovertierten Rosa. Anfangs wirkt sie ein wenig misstrauisch und findet, es gehe schon etwas zu weit, mit einem Fremden wegen des Lichts für ein paar Fotos nach draußen zu gehen. Rosa jedoch zerstreut ihre Zweifel schnell mit einem freudigen Ausruf: »Ach was, das ist doch lustig! Komm schon! Vielleicht werden wir ja sogar berühmt!«

Nadia, 22, Studentin, Auckland, Neuseeland:

Was bedeutet für dich Freundschaft?

Ein Freund akzeptiert deine Schwächen und schätzt dich für deine Qualitäten. Ein gewisser Grad an Loyalität ist wichtig.

... und Rosa meint dazu:

Genau, auch wenn die Freunde dir manchmal ordentlich auf den Keks gehen!

Manuel, was bedeutet für dich Freundschaft?

Manuel, 24, Medienfachmann, Caracas, Venezuela:

Ein Freund liebt dich so, wie du bist. (schweigt) Wer ein richtiger Freund ist, der hilft dir, aber der nervt dich auch ab und zu.

Manuel sitzt gerade draußen auf der Feuertreppe einer Medienagentur und raucht eine Zigarette. Der Marketingspezialist arbeitet viel – zu viel, wie er meint. Mein Projekt begeistert den Familienmenschen sofort und er prophezeit den Büchern einen großen Erfolg, vorausgesetzt ich würde ein paar wichtige Marketingfaktoren berücksichtigen. Großzügig skizziert er mir kurz seine Werbestrategie. Nun, inzwischen halten Sie das dritte Buch des Werkes tatsächlich in Händen – vielleicht auch dank Manuel.

Mariana, was bedeutet für dich Freundschaft?

Mariana, 21, Studentin, Montevideo, Uruguay:

Gemeinsam voneinander lernen, gemeinsam wachsen.

Die junge Mariana (hier mit ihrer Freundin Martina) muss nicht lange überlegen, bevor sie antwortet. Sie ist einer der fast ausnahmslos freundlichen Einwohner Montevideos. Mariana weiß, was im Leben wichtig ist: So möchte die Soziologiestudentin nicht nur die Geheimnisse der Welt, sondern vor allem auch sich selbst besser kennenlernen; sie möchte das ›innere Afrika‹ entdecken.

Manuel, 75, Restaurantbesitzer / Kulturbotschafter, Portugiesenviertel, Melaca, Malaysia:

Ein Freund rammt dir kein Messer in den Rücken. Er ist vertrauenswürdig, tut dir nichts Schlechtes. Wir Christen hier haben auch viele Moslems zum Freund. Man sieht es jemandem an, ob er ein guter Freund werden könnte. Wenn du kein gutes Gefühl zu ihm hast, bleib weg.

Der Pfarrer schließt die Messe, das letzte portugiesische Lied verstummt, die Prozession zu Ehren São Pedro, des heiligen Petrus, setzt sich in Gang. Über dreißig Fischerboote müssen gesegnet werden. Etwas jedoch will nicht so recht passen: Was machen eigentlich all die Asiaten hier? Nun, wir sind mitten im muslimischen Malaysia, im Portugiesenviertel der kolonial geprägten Stadt Melaca. Manuel ist einer der wenigen, die hier noch fließend portugiesisch sprechen. Der Wirt findet, dass vonseiten Portugals viel mehr getan werden müsste, um den kulturellen Wert des Viertels zu bewahren. Mit seinem Leben ist Manuel dagegen zufrieden: Bald möchte er sein Restaurant verkaufen, sich aufs Land zurückziehen und dort auf der Veranda zur Gitarre Fado singen. So wie er es an diesem Abend für mich tut.

Manuel, was bedeutet für Sie Freundschaft?

Anna-Claudia, was bedeutet für dich Freundschaft?

Vor sieben Jahren erfüllte sich Anna-Claudia ihren Lebenstraum: Sie eröffnete in Napoli eine Schule für klassischen und zeitgenössischen Tanz. Wenn sie Tänze einstudieren und diese mit ihren Schülern umsetzen darf, ist Anna-Claudia ganz in ihrem Element. Lächelnd verrät sie mir, dass die Freude an der Bewegung wohl genetisch veranlagt sein muss; ihr Bruder führt nämlich eine Boxschule.

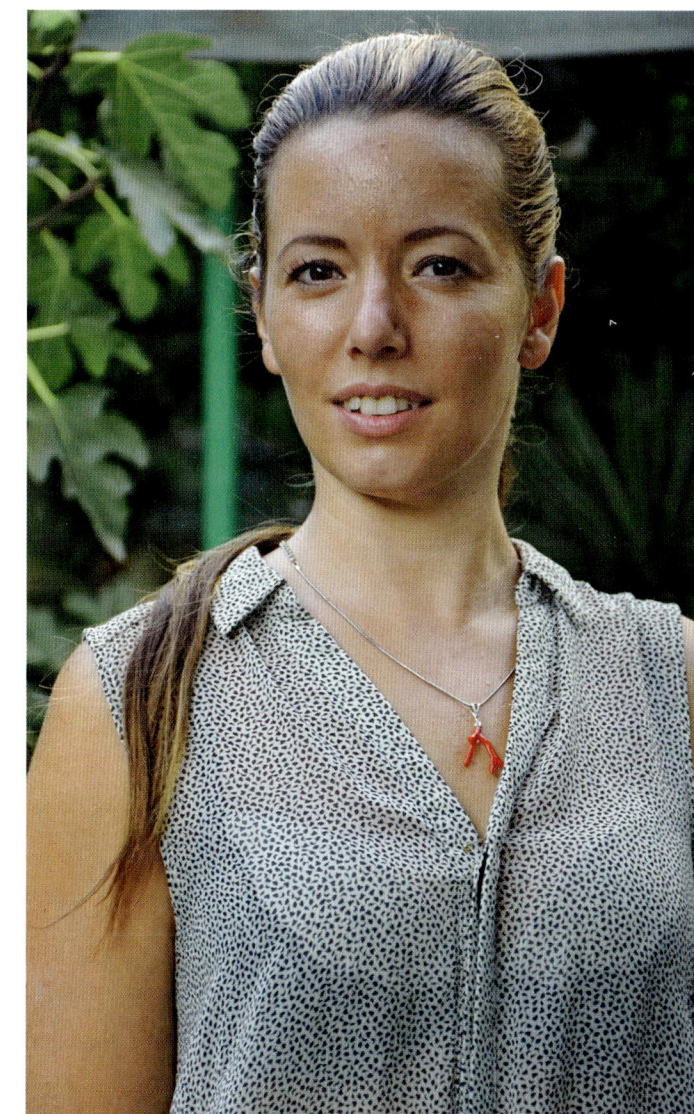

Anna-Claudia, 33, Ballettmeisterin, Napoli, Italien:

Freundschaft ist ein fundamentaler Wert. Echte Freunde zeichnen sich durch eine gewisse Einsatzbereitschaft aus. Und sie sind gute Zuhörer. Ich habe zwar noch ein paar gute Freundinnen aus meiner Kindheit, mit Männern habe ich aber meist bessere Erfahrungen gemacht. Sie sind weniger eifersüchtig als Frauen.

Jairo, was bedeutet für Sie Freundschaft?

Jairo verdiente einst seinen Lebensunterhalt im berüchtigten Gefängnis Instituto Penal Cândido Mendes, in dem bis 1994 neben Schwerverbrechern auch Dissidenten der Militärdiktatur eingesperrt waren. Es ist ein großes persönliches Glück für ihn, dass er auf der Insel leben darf, auf der er auch geboren wurde. So ganz selbstverständlich war das nämlich nicht. Als seine Eltern vor fünfzig Jahren nach Rio zogen, weil sein Vater mit der Familientradition des Fischerberufs brach, wusste Jairo bereits, dass er irgendwann wieder zurück will. Aber wie? Es gab nur zwei Verdienstmöglichkeiten: als Fischer oder als Gefängniswärter. In Rio absolvierte er deshalb die Polizeischule und bewarb sich erfolgreich um eine Stelle auf der Ilha Grande, wo er bis heute lebt und viel erlebt hat. Als wir das Gespräch führen, steht gerade das Absetzungsverfahren der Präsidentin Rousseff kurz bevor. »Damals musste ich junge Menschen bewachen, die ins Gefängnis gesteckt wurden, weil sie die Wahrheit sagten. Heute sind ebendiese Leute an der Macht und als freie Politiker bestehlen sie uns.«

Jairo, 56, Ex-Gefängniswärter, Ilha Grande, Brasilien:

Ehrlichkeit und Liebe. Auf einen Freund muss man sich verlassen können. Ob ich viele Freunde habe? Oh nein!

Ross, was bedeutet für dich Freundschaft?

Ross (im Bild links), 27, arbeitsloser Punk, London, Großbritannien:

Eine schwierige Frage ... Auf einen Freund muss man in jeder Situation zählen können; ja, ich glaube, das ist das Wichtigste.

Was Ross wohl 2016 im Jahr des Punks macht? Vielleicht hat er sich ja seinen Traum erfüllt und eine Familie mit vielen Kindern gegründet. Wahrscheinlicher ist es allerdings, dass er wie damals beim ersten Interview im Jahr 2007 mit seinen Kumpels in Camden rumhängt und seinen Lebensunterhalt mit Gelegenheitsjobs verdient. Zumindest habe ich ihn noch 2011 dort wiedergetroffen, als ich mit meiner damals siebzehnjährigen Tochter ein Konzert besucht habe. Als ich ihn anspreche und er mich nach kurzem Nachdenken wiedererkennt, bedankt er sich zunächst herzlich für das zugesandte Glücksbuch mit dem ersten Interview. Einen derben Spruch kann er sich gleich darauf doch nicht verkneifen: »Ach ja, deine Tochter? Das sagen sie alle!« Ross ist eben ein richtiger Punk – direkt und unbestechlich.

Chief Solomon, was bedeutet für Sie Freundschaft?

Chief Solomon, 62, Häuptling, Matandas Village, Vanuatu:

Mit Freunden sitzen wir zusammen, essen und singen - mein bester Freund aber ist Gott.

Müsste ich das Paradies beschreiben, gliche meine Schilderung wohl der Vathe Conservation Area und der darin verwurzelten Dorfgemeinschaft Matandas. Es ist spätnachts, als ich dort ankomme. Chief Solomon ist bereits im Pyjama und begrüßt mich nur kurz, aber herzlich. Als am anderen Morgen die Sonne aufgeht, mache ich mich auf den Weg zum Strand. Kleine Kinder spielen dort bereits, Männer jagen mit Speeren Thunfische, etwas abseits entlockt ein Barde seiner Gitarre Südseeklänge. Dann werde ich gerufen, Chief Solomon wartet bereits. Der liebe Mann begleitet mich von Hütte zu Hütte, um mich den Einwohnern vorzustellen. Während wir so dasitzen und miteinander sprechen, verströmt er eine seltene Gelassenheit. Er schnitzt mit seinem Messer ein Holz, blickt dabei ab und zu freundlich hoch und schnitzt dann seelenruhig weiter, bis er die nächste Antwort übersetzen darf. 2015 zerstörte ein katastrophaler Tsunami weite Landstriche Vanuatus. Seitdem mache ich mir Sorgen, dass das Unglück auch über mein Paradies hereingebrochen sein könnte.

Beline, 28, Marketingmanagerin, Douala, Kamerun:

Etwas Heiliges. Hier in Kamerun ist Vertrauen ein rares Gut. Deshalb ist Freundschaft besonders wichtig. Aber: Gute Freunde sind selten, man findet sie nicht an jeder Straßenecke.

In Douala treffe ich Beline, Marketingmanagerin und alleinerziehende Mutter. Ich lerne sie über Monique kennen, die beste Freundin von Yolande, die mich auf meinem Weg durch Afrika begleitet. Als Vermarktungsprofi versteht es Beline, Werbung in eigener Sache zu machen; während ich Monique befrage, bringt sie sich geschickt als weitere Interviewpartnerin ins Spiel. Als wir nach dem Gespräch alle zusammen noch etwas trinken gehen, fragte sie mich beiläufig: »Sag, habe ich gute Antworten gegeben? Ich habe doch gute Antworten gegeben, nicht wahr?«

Beline, was bedeutet für dich Freundschaft?

Thanasis, was bedeutet für dich Freundschaft?

Thanasis, 39, Historiker, Toumba, Kilkis, Griechenland:

Etwas Heiliges. Wem ich meine Freundschaft anbiete, der sollte sich geehrt fühlen.

Der studierte Historiker arbeitet in einem kleinen Shop als Verkäufer – ein Brotjob, mehr nicht. Viel lieber würde Thanasis ja als Lehrer arbeiten. Er glaubt fest daran, mit seinem Wissen unsere Wahrnehmung der Vergangenheit verändern und damit unsere Zukunft beeinflussen zu können. Nach dem Gespräch will der selbstbewusste Grieche von mir wissen: »Meine Antwort war die beste, nicht wahr?«

Mustafa, Abdul, was bedeutet ...

Mustafa, 73, Bäcker, Istanbul, Türkei:

Ich kann jedem ein Freund sein – aber nur, wenn er an Allah glaubt und ein guter Muslim ist.

Ich begegne Mustafa im Feierabendverkehr von Çengelköy, einem Stadtviertel im asiatischen, konservativen Teil Istanbuls. Allerdings ist dieses Interview gar nicht so leicht zu bekommen! Er könne nicht mit mir sprechen, weil ich ganz offensichtlich ein Ungläubiger sei. Meine türkische Übersetzerin lässt jedoch nicht locker. »Also gut!«, sagt er schließlich, er mache mal eine Ausnahme, weil sie so höflich bitte und er einer hübschen jungen Frau, die wie er aus Rize stammt, sowieso keine Bitte abschlagen könne. Mustafa beantwortet meine Fragen bestimmt. Nach dem Interview schaut er mich lächelnd an und sagt: »Sie sind ja anscheinend doch ein ganz anständiger Mann – Sie sollten zum Islam konvertieren!«

... für Sie beide Freundschaft?

Abdul, 59, Wachmann, Singapur:

Alle sind meine Freunde. Weshalb? Als Muslim muss man alle Menschen gleich behandeln; denn alle Menschen wurden von Gott geschaffen.

Statt seinen Ruhestand zu genießen, arbeitet Abdul, ein ehemaliger Feuerwehrmann, lieber weiter – nun als Security-Mitarbeiter in einem riesigen Geschäftshaus außerhalb des Stadtzentrums. Meine Aufmerksamkeit freut ihn; stolz erzählt er, dass auch er schon ziemlich viel in der Welt herumgekommen sei. So musste er unter anderem einen längeren UN-Einsatz unter schwedischem Kommando in Namibia leisten. Und im Jahr 1997 lief er bei der Polizei- und Feuerwehrmeisterschaft in Calgary mit 12,36 Sekunden die beste Zeit in seiner Alterskategorie. »Ja, früher einmal war ich die Nummer eins!«, erzählt Abdul ganz mit sich zufrieden. Nur eine Reise fehle ihm jetzt noch: die nach Mekka.

Mary, was bedeutet für dich Freundschaft?

Mary, 39, Hausfrau, Tufi-Station, Papua-Neuguinea:

Ich liebe es, neue Freundschaften zu schließen – beispielsweise gerade jetzt mit dir. Die verlässlichsten Freunde findet man wohl in der Familie. Wenn ich Freunde sehe, begrüße ich sie mit einem Lächeln.

Die wochenlange Prozedur war schmerzhaft und ihr Gesicht drei Monate lang geschwollen. Dann war die Qual vorüber und Mary bereit zu heiraten. Sie hat Damian gewählt, der mir zunächst skeptisch, im Laufe des Gesprächs jedoch immer freundlicher begegnet. Gesichtstattoos sind eine Besonderheit der Gegend um Tufi, ganz im Süden Papua-Neuguineas. Woher der Brauch kommt, weiß heute niemand mehr so recht; sicher ist aber, dass er langsam verschwindet. Mary hat vier Kinder, die Älteste ist einundzwanzig und bereits ausgezogen, dann kommen zwei Töchter mit sieben und acht Jahren und schließlich ein Bub von gerade mal fünf Monaten. »Sie war also siebzehn, als sie das Tattoo erhielt«, rechnet Damian nach. Früher wurden diese Verzierungen bereits mit vierzehn gestochen, heute erst mit etwa zwanzig – wenn überhaupt. Die meisten fürchten sich nämlich, außerhalb Tufis auf der Suche nach einer Arbeit stigmatisiert zu sein. Oft lassen sie sich deshalb nur noch ein kleines Mal auf die Stirn stechen, als Zeichen der Zugehörigkeit zu ihrem Clan und als Ausdruck ihrer Individualität.

Ich würde für einen Freund alles geben. Alles.

Julio, was bedeutet für Sie Freundschaft?

Haben oder sein? Vor acht Jahren war es Julios größter Traum, es eines Tages zum Millionär zu bringen. Nun stand zu erwarten, dass just seine freigiebige Art diesen Plan garantiert durchkreuzen würde. Dass sich sein Traum dennoch erfüllt hat, ist heute aber in erster Linie der desaströsen Politik der Machthaber anzulasten, die Venezuela in eine dramatische Wirtschaftskrise mit der weltweit höchsten Inflation führten. Benötigte man nämlich zum Zeitpunkt unseres Interviews noch rund 200 000 US-Dollar, um eine Million Bolivar zu kaufen, so reichen heute gerade mal 2 000 US-Dollar. In einer Sache waren wir uns damals schon einig: Mit ihrem Populismus geben sich charismatische Caudillos gern als Freund des Volkes aus, betrügen dieses aber, wie hier in Venezuela, nach Strich und Faden.

Abdullah, 42, Manager, Istanbul, Türkei:

Ein Freund sollte alles für mich tun.

Ich sitze mit meiner Übersetzerin im exklusiven Aussichtsrestaurant in Eminönü, einem Viertel im Zentrum Istanbuls. Während wir dort festlich speisen und harmlose Interviews führen, werden in Ankara gerade zwei regierungskritische Journalisten verurteilt, die der Präsident höchstpersönlich verklagte. Im Laufe des Nachmittags gesellt sich auch der Inhaber des Lokals zu uns und bietet sich freiwillig als Interviewpartner an. Warum auch nicht? Schließlich ist es sein Reich, in dem wir gerade mit dem Koch sprechen durften. Als Abdullah in der hinteren Ecke des Saals dann aber eine ungeduldig wartende Kundin erblickt, will er schnell zur letzten Frage springen, er hätte nämlich noch eine wichtige Besprechung.

Abdullah, was bedeutet für Sie Freundschaft?

Menina, was bedeutet für dich Freundschaft?

»Menina« 16, Paranua, Matto Grosso, Brasilien:

Wenn man mit jemandem über ernste Dinge reden kann, dann ist das Freundschaft. Wenn mich jemand ständig kritisiert oder schlechtmacht, ist für mich die Freundschaft auf der Stelle beendet.

In einem kleinen Indianerdorf am Fuße der Serra do Roncador, des Bergs des Schnarchers, wohnt ein Mädchen, das mir ihren Namen partout nicht verraten will. So nenne ich sie für das Interview Menina (portugiesisch für »Mädchen«). Bei den Xavante-Indianern ist der Name weniger mit dem Individuum, als vielmehr mit der gesellschaftlichen Funktion der Trägerin verbunden. Ob sie vielleicht der Meinung ist, ihre Antworten hätten mit ihrer Arbeit nichts zu tun? Oder ist sie einfach nur scheu? Ihr Statement zur Freundschaft vertritt sie jedenfalls mit einer Vorve, die mich spüren lässt, dass ich es hier mit einer stolzen Xavante zu tun habe, einer echten Kriegerin, die weiß, was sie will.

Amparo, was bedeutet für Sie Freundschaft?

Amparo, 46, Blumenverkäuferin, Bogotá, Kolumbien:

Ehrlichkeit. Solidarität. Leider gibt es hier unter den Blumenhändlern viel Eifersucht; das sind keine Freunde.

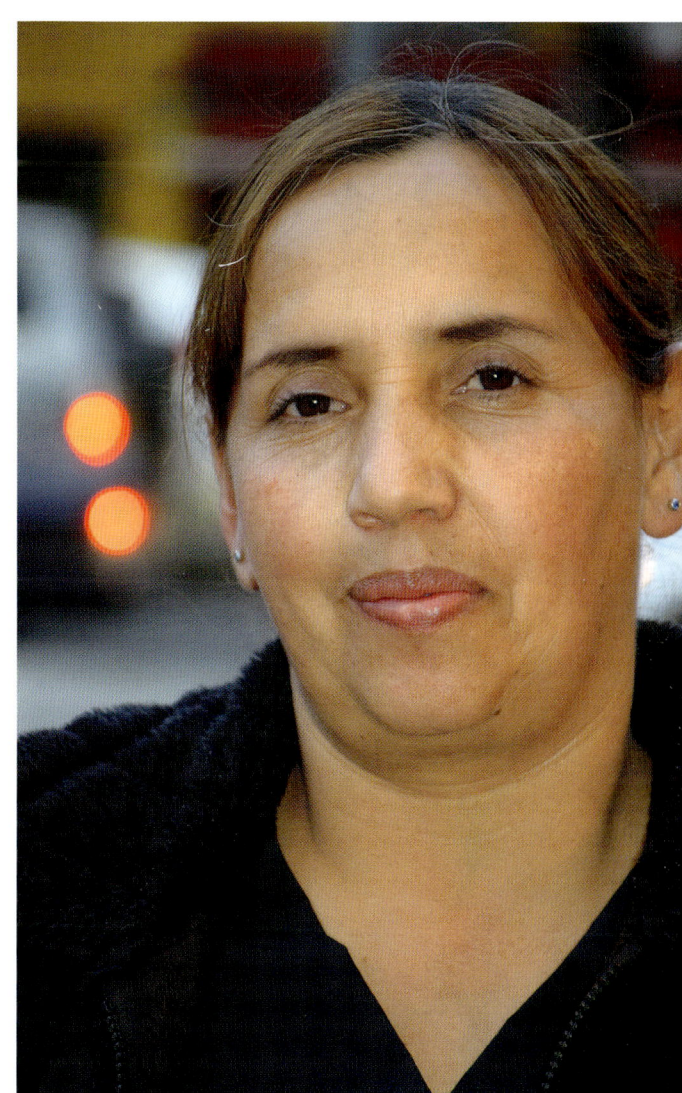

Aufgrund der Konkurrenz aus Ecuador oder Kenia weht Kolumbien auf dem Weltmarkt für Blumen ein rauer Wind entgegen. Dasselbe Klima spürt Amparo täglich auch im Kleinen: Neben zwanzig dicht aneinandergereihten Blumenständen – alle mit einem ähnlich traumhaften Sortiment – buhlen die Verkäuferinnen und Verkäufer um die Kundschaft. Wie soll da ein Händler überleben? Amparo verrät mir ihr Geheimnis: Die Freundlichkeit, ein sympathisches Lächeln und die Arbeitshaltung machen den entscheidenden Unterschied. Dann mustert sie mich intensiv, fragt nach dem Zweck und bindet mir, fest überzeugt, die richtige Wahl zu treffen, einen wunderschönen bunten Strauß.

Silva, was bedeutet für dich Freundschaft?

Als Silvas Eltern vor vierzig Jahren aus der Türkei in die Schweiz flüchteten, um ihren sieben Kindern eine bessere Zukunft zu ermöglichen, verstand die damals zweijährige Aramäerin noch nicht, mit welchen Entbehrungen dies verbunden sein würde. Doch Silva ließ sich nicht entmutigen und packte das Glück beim Schopf. Heute führt sie ein kleines Bistro im Herzen Zürichs, wo sie mit einer natürlichen Leichtigkeit neue Gäste mit alteingesessenen bekannt macht und jedem ein unaufdringliches Lächeln schenkt. Dank Silvas Sozialkompetenz ist das „Emo" (aramäisch für Mutter) ein seltener Ort der Begegnung und Toleranz – ein Ort, an dem Freundschaft entsteht und gedeiht.

Silva, 43, Gastwirtin, Zürich, Schweiz:

Freundschaft ist Leben. Freiheit. Rückhalt. Und Aufrichtigkeit. Man muss einem Freund auch ehrlich sagen können: So geht es nicht. Meine Freunde sind bis zu einem gewissen Grad ein Spiegel meiner selbst.

Thomas, was bedeutet für dich Freundschaft?

Thomas, 33, Doktorand, Kopenhagen, Dänemark:

Ein Freund ist eine Person deines Vertrauens, jemand, mit dem du ehrlich sein kannst, bei dem du dich nicht zu verstellen brauchst. Es ist aber auch wichtig, zusammen richtig Spaß haben zu können.

Ich habe Glück und treffe Thomas in einer Kopenhagener Kneipe im Gespräch mit Kaspar. Er konzentriert sich derzeit voll und ganz darauf, seinen Doktortitel in Linguistik zu machen. Denn auch wenn bisweilen ein paar schwarze Schafe Plagiate abgeben oder Ghostwriter engagieren, bedeutet das Verfassen einer Dissertation für alle anderen doch harte Knochenarbeit. Seit Monaten schreibt der Doktorand ganze Nächte durch, stellt Sätze um, sucht nach Quellen, korrigiert und verwirft Geschriebenes. Eigentlich hat er für gar nichts mehr Zeit. Aber auch angehende Doktoren gönnen sich zumindest ab und zu mal ein Feierabendbier mit einem guten Freund.

Albiah, was bedeutet für Sie Freundschaft?

Albiah, 70, Hausfrau, Watervillage, Brunei:

Ich bin gern mit Freunden zusammen; ich habe welche hier, aber auch in Malaysia. Freundschaft tut mir gut. Teilen wir das Glück miteinander, so wird es größer. Teilen wir die Traurigkeit, so wird sie kleiner.

»Wer sind diese Fremden?«, wundert sich Albiah und schaut neugierig in unsere Richtung. Landeten hier vor dreihundert Jahren die Entdecker noch in einer idyllischen Bucht, so ist heute die Wasseroberfläche um das Watervillage mit Unmengen an Plastikflaschen und anderem Siedlungsmüll verdreckt. Albiahs Haus jedoch gleicht einer Oase: Auf ihrer sauberen hölzernen Terrasse blühen die schönsten Orchideen und strahlen die Liebe aus, mit der sie gepflegt werden. Albiah ist Mutter von zehn Kindern und zweiundzwanzig Enkeln, was sie aber nicht daran hindert, hier alles ordentlich zu halten. Immerhin hat sie die Ehre, direkt neben der Moschee wohnen zu dürfen. Für das Foto verschwindet sie kurz in ihr Häuschen und kommt verschleiert zurück, obwohl sie während des Gesprächs ihr Haar ganz ungezwungen nur mit einem Strumpf zusammenhielt. Sie schaut mir tief in die Augen, mal lacht sie schelmisch, mal kokett und verabschiedet sich schließlich frech mit einem Luftkuss. Da werde ich glatt ein wenig verlegen.

Huang, Yan, Frank, was bedeutet ...

Huang, 24, Student, Schanghai, China; Yan, 21, Studentin, Schanghai, China:

Huang: Wie wir heute. Wir treffen uns und teilen eine gemeinsame Erfahrung. Ich kenne das Gefühl, aber ich kann es nicht in Worte fassen.

Yan: Freunde haben mich und ich habe sie. Es ist schwierig, gute Freunde zu finden.

Vorsicht ist die Mutter der Porzellankiste. Ausgerechnet dieses alte chinesische Sprichwort habe ich in Schanghai wohl nicht berücksichtigt, als ich mich von den zwei Studenten Yan und Huang ansprechen lasse. Sie wollen wissen, ob ich Orientierung benötigte, und ich erzähle ihnen unwillkürlich von meinem Projekt. Beide bedauern, sie hätten einen Platz in einer Teezeremonie reserviert, ich könne sie aber gern begleiten und meine Fragen auf dem Weg dorthin stellen. Das klingt gut. Zu spät merke ich, dass ich zwei Schleppern auf den Leim gegangen bin. Mithilfe vertauschter Speisekarten knöpft mir die Zeremonienmeisterin statt der errechneten zwanzig satte hundertfünfzig Dollar ab, ein Zweimeterhüne steht mit verschränkten Armen neben ihr. Ich mache gute Miene zum bösen Spiel – es müssen ja noch die Fotos zum Interview geschossen werden. Zurück im Hotel wächst die Wut, ich will das Material vernichten, rufe zuvor aber unseren Ethik-Beirat Erwin an: »Was soll ich tun?« Aus Distanz sieht der die Situation gelassen und rät lakonisch: »Abwarten und Tee trinken.«

... für Sie Freundschaft?

Es ist nichts los hier, wie eigentlich meistens. Im Schatten eines Baums hockt Frank in Uniform neben seiner Frau und den drei Kindern, das Gewehr am Boden. Sie besprechen gerade den nächsten Auftritt der Familienband, die sein ältester Sohn gegründet hat. Plötzlich stutzt er, steht auf, kommt mit ausgestreckter Hand auf mich zu und stellt sich vor: »Mein Name ist Frank, ich bin der Polizist hier und zuständig für die 17 000 Einwohner des Tufi-Distrikts.« Er sei aber vor allem Streitschlichter, erklärt Frank stolz. Ich frage ihn, wie ich mir das vorzustellen habe. Ganz einfach: Beim Diebstahl einer Kokosnuss würde er beispielsweise die Streithähne zu sich ins Office zitieren und erst einmal analysieren, was vorgefallen sei. Dann muss der Dieb dem Geschädigten den offiziellen Preis bezahlen, beide reichen sich die Hand und die Sache sei erledigt.

Frank, 40, Polizist, Tufi Station, Papua-Neuguinea:

(Überlegt lange und formuliert dann präzise) ... Wenn eine Zeit der Not über dich hereinbricht, dann ist es gut, Freunde zu haben. Bei uns sind oft Familienmitglieder Freunde. Wir sagen Hallo, machen Späße, gehen zusammen fischen und natürlich musizieren wir auch gemeinsam.

Der Weg hinauf zum Hügel ist steil und nur zu Fuß passierbar. Hier wohnt Rosangela, die ich über die Tochter meiner langjährigen Freundin Tania kennengelernt habe. Ich bin zum weltbesten Bohneneintopf eingeladen, es riecht köstlich. Als ich ankomme, spielen die beiden Mädchen gerade vor dem Haus Fußball; sie genießen den schulfreien Tag. Die Aussicht von hier oben ist fantastisch. Fast könnte man in eine Art Slumromantik verfallen, wäre da nicht knappe fünfzig Meter weiter der Drogenumschlagplatz der hier bestimmenden Gang. Die Polizei lässt sich an Orten wie diesen niemals blicken; »beschützt« werden die Mädchen und ihre Familien von den Bandenchefs. So also wächst Rosangela auf, wie Millionen andere brasilianische Kinder an ähnlichen Orten.

Und was bedeutet für ...

Rosangela, 11, Schülerin, Colo Bandê, Brasilien:

Zusammensein, Friede, Liebe.

... euch beide Freundschaft?

Das wahrscheinlich kürzeste Gespräch dieses Projekts führe ich mit Mamdou. Wir stehen an einer Haltestelle und haben genau vier Minuten Zeit, bis sein Freund und Geschäftspartner kommt und die beiden gemeinsam in den nächsten Bus steigen. So weiß ich eigentlich nicht viel über Mamdou, vielleicht aber doch das Wichtigste: Der Kaufmann aus dem Senegal hat drei Frauen. Alles, was ihn näher zu Gott führt, macht ihn glücklich. Er wünscht sich Gesundheit und er träumt vom Frieden.

Mamdou, 57, Kaufmann, Dakar, Senegal:

Etwas sehr, sehr Gutes.

Wenn ein Freund ein gutes Herz hat, dann dauert die Freundschaft eine lange, lange Zeit.

Im ländlichen Vorort Can Thos bei Binh Minh treffe ich Thanh und seinen Vater. Beide sitzen rauchend in der Hängematte vor ihrer Hütte am Rande eines Reisfeldes. Der Vater meint, sein Thanh leide etwas an Gedächtnisschwund und könne mir vermutlich keine besonders geistreiche Antwort geben. Nicht ungern muss ich dem alten Herrn widersprechen.

Thanh, was bedeutet für Sie Freundschaft?

... und für dich, Yesenia?

Yesenia, 14, Gymnasiastin, Viña del Mar, Chile:

Teilen, loyal sein, Zärtlichkeit geben und empfangen.

Die Schule ist längst zu Ende, doch wie überall auf der Welt wollen die Schüler auch hier in Viña del Mar nicht gleich heim. Zwischen der Strenge im Klassenzimmer und der Ordnung im Elternhaus wird die Freiheit gekostet. Eignet sich der große Spielplatz in der Nähe dafür nicht besonders gut? Yesenia und ihre Freundinnen und Freunde schaukeln, tauschen Neuigkeiten aus und genießen gemeinsam eine unbeschwerte Zeit. Das Mädchen aber ahnt bereits, dass solche Momente künftig seltener werden, wenn sie diese bedeutende Persönlichkeit werden will, von der sie träumt.

Die zwei jungen Kuna-Mütter Dailet und Jenny sitzen an diesem Nachmittag auf der Terrasse und sticken an ihrem Kunsthandwerk. Dailet erzählt eine Anekdote, Jenny lacht. Dann arbeiten sie weiter. Kurze Zeit darauf zeigt Jenny Dailet eine Nachricht auf ihrem Mobiltelefon, nun lachen beide … Die jungen Frauen sind bei ihren Müttern aufgewachsen, die Väter, so klagen sie, sind damals einfach abgehauen. Dasselbe hat kürzlich auch Jennys Mann gemacht. Dailet wünscht sich, dass ihre Tochter später einmal einen richtigen Beruf erlernt. Zwar ist sie stolz, dass sie hier in der Lodge mithelfen darf, ein richtiger Beruf sei das allerdings nicht. Als ich Dailet frage, warum sie ihren Mann denn nicht erwähnt, wenn wir über das Glück sprechen, antwortet sie ein wenig verschämt: »Oh, natürlich, der macht mich schon auch glücklich – ich hatte einfach nur vergessen, ihn aufzuzählen.«

Dailet, 25, Kunsthandwerkerin, Playón Chico, Guna Yala, Panama:

Die guten Sachen im Leben teilen, mit Freunden eine unbeschwerte Zeit genießen. Ja, ich habe viele Freundinnen und Freunde. Ich kann sie fast nicht zählen (lacht).

Und Jenny antwortet ebenfalls:

Mit Freunden wirklich Zeit verbringen. Wenn ein Freund ein Problem hat, helfe ich. Freunde sind wie Familie.

Dailet, was bedeutet für dich Freundschaft?

Marcos, was bedeutet für dich Freundschaft?

Marcos, 30, Fotograf, Montevideo, Uruguay:

Tiefes gegenseitiges Vertrauen.

Zwar würden sich seine Eltern schon etwas Sorgen machen, seitdem er ein Zimmer seiner Wohnung über die Plattform Airbnb vermiete, er aber habe bisher nur gute Erfahrungen gemacht, erzählt Marcos. Auch ich nutze zwei Tage lang sein Angebot; großzügig gewährt er mir Zutritt zur gesamten Wohnung. Beim Fotoshooting erzählt mir der Kunstfotograf von seinem großen Vorbild, dem ehemaligen Präsidenten von Uruguay José Mujica. El Pepe, wie er hierzulande meist liebevoll genannt wird, ist ein unglaublich bescheidener, sympathischer und humanistisch geprägter Staatsmann. Während seiner vierjährigen Amtszeit stabilisierte Mujica die Wirtschaft, führte die gleichgeschlechtliche Ehe ein und regulierte Konsum und Anbau von Marihuana. Dass er dank Pepe Cannabis nun ganz offiziell anbauen darf, darüber freut sich Marcos besonders. Weil er mit seinen Freunden gern auf der Terrasse grillt, soll neben den Pflanzen auch der Grill mit aufs Foto.

Mercy, 14, Schülerin, San Francisco, Peru:

Wenn ich mit Freunden zusammen bin, ist das etwas ganz Schönes. Ich kann ihnen vertrauen, es ist, als ob ich mit Mama oder Papa spreche.

Wir sind in San Francisco, einem Indianerdorf mitten im peruanischen Amazonas. Kilian, den ich vor zwanzig Jahren auf meiner ersten Südamerikareise das letzte Mal gesehen habe, führt mich in das Dorf, in dem Mercy wohnt. Es ist nicht das erste Mal, dass mein Freund das Dorf besucht; als Mercy ihn sieht, kommt sie angelaufen und begrüßt ihn stürmisch. Vielleicht auch, weil er ihr immer hilft, ihr Handwerk an die Touristen zu verkaufen. Mercy ist intelligent und geht immer noch fleißig zur Schule. Sie spricht sehr gut Spanisch und hilft mir beim Übersetzen der Antworten ihrer Freundinnen und Freunde im Dorf. »Wann kommst du wieder, hast du E-Mail?«, will sie wissen. »Sicher bald, es ist so schön hier«, antworte ich und meine es ehrlich. Doch ich ahne bereits, dass eine Rückkehr wieder viele Jahre dauern wird.

Mercy, was bedeutet für dich Freundschaft?

Terupevai, was bedeutet für dich Freundschaft?

Terupevai, 28, Perlenfachfrau, Papeete, Tahiti:

Vertrauen, zuhören, mit Feingefühl Rat erteilen. Nie etwas erzwingen oder den anderen kleinmachen wollen.

Was ist nun schöner, frage ich mich: die wundervollen Perlenketten, die Terupevai verkauft, oder die feinfühlige Antwort, die mir die junge Frau ganz spontan gibt? In einem Punkt bin ich mir sicher: Terupevai hat sich nicht nur intensiv mit Perlen, sondern auch mit ihrem Freundschaftsbegriff auseinandergesetzt.

Was bedeutet Freundschaft für Sie, Alfredo?

Alfredo, 42, Gärtner, Omilunga, Angola:

Ich habe zwar Freunde, doch ich kann mit ihnen nicht über alles sprechen. Vertrauen ist hier ein rares Gut.

Frühmorgens steigt Alfredo ins Sammeltaxi Richtung Ondjiva. Er fühlt einen Druck auf der Brust und eine gewisse Trauer. Ganze fünf Monate lang wird er nun seine Familie nicht sehen, mit der er den vergangenen Monat verbracht hat. Diesem Rhythmus folgt er bereits seit fünfundzwanzig Jahren. Von der kleinen Stadt im Süden Angolas aus geht's mit dem Bus weiter nach Santa Clara zur Grenze nach Namibia und von dort aus in einer achtstündigen Fahrt nach Windhoek. Hier arbeitet Alfredo als Gärtner. Während des langen Bürgerkriegs war dieser Job die einzige Möglichkeit, seine Frau und die vier Kinder zu ernähren. Auch heute seien für ihn die Perspektiven in Angola nicht viel besser. Alfredo ist erstaunt, als ich ihn in der Gartenanlage meines Hotels auf Portugiesisch anspreche. Er freut sich. In seinen Augen kann ich das Heimweh lesen, das aus den Jahren des unfreiwilligen Asyls herrührt.

Ewgenija, was bedeutet für dich Freundschaft?

Ewgenija studiert Deutsch und Englisch an der Universität von Nowosibirsk. Meine russischen Geschäftsfreunde machen uns miteinander bekannt. Die engagierte Übersetzerin begleitet mich in ein Einkaufszentrum, spricht für mich mit den Schachspielern und nimmt mich sogar mit auf die Datscha ihrer Mutter. Doch zu den Roma, die wir auf dem Weg dorthin am Stadtrand sehen, will sie mir nicht folgen und meint entschuldigend: »Schau, wenn wir jetzt auch noch dort Interviews machen, kommen wir zu spät zum Essen – und dann wird meine Mutter sauer.« Nur eine gute Freundin hätte ihr wohl widersprochen.

Ewgenija, 26, Studentin, Nowosibirsk, Russland:

Wenn ich meiner Freundin alles sagen kann und sie mir. Wenn wir uns genau verstehen. Wenn wir wissen, dass Streit vorübergeht und danach alles wieder gut ist.

Tok Tok, was bedeutet für dich Freundschaft?

Tok Tok, 28, Straßenfegerin, Yangon, Myanmar:

Mit Freunden sollte man Geheimnisse austauschen können. Doch ich sage meinen Freundinnen nur so circa sechzig Prozent; vierzig Prozent behalte ich schön für mich. Damit bin ich immer gut gefahren.

Zusammen mit ihrer Freundin Ei fegt Tok Tok (»Dickerchen«) täglich den Platz rund um die goldene Shwedagon-Pagode. Die beiden können nicht lang sprechen, denn der strenge Chef erwartet sie bereits im Personalraum. Etwas aber möchte Tok Tok schon noch loswerden: »Viele Leute kommen zum Beten an diesen heiligen Ort, doch die ›Gläubigen‹ werfen einfach alles zu Boden. Die könnten schon etwas ordentlicher sein. Schreiben Sie das bitte auf!«, ruft sie mir zu und ist schon wieder weg.

Choco, was bedeutet für Sie Freundschaft?

Eduardo (Choco), 66, Bildender Künstler, Havanna, Kuba:

Etwas Tiefes. Immenses. Leider messen nicht alle der Freundschaft denselben großen Stellenwert bei. Ich glaube bis ins tiefste Innere an die Freundschaft; in ihr liegt die Wahrheit. So wie man das schlechte Essen gegessen haben muss, um das gute zu schätzen, so muss man auch von falschen Freunden enttäuscht worden sein, um echte Freunde zu erkennen. Ein richtiger Freund kennt neunundneunzig Prozent deiner Geheimnisse; das letzte Prozent aber kennt er nicht, für den Fall, dass die Verbindung in die Brüche geht.

Wenn Choco frühmorgens im Halbschlaf vor seinem inneren Auge die schönsten Farben sieht, dann wacht er mit Freude auf, denn er weiß, dass er noch am Leben ist. Mit dreizehn Jahren ist er von Santiago nach Havanna gezogen. Er hat viele, viele Leute kennengelernt, in all dieser Zeit aber nur zwei, drei wahre Freunde gefunden. Choco ist einer der bekanntesten Maler Kubas; auch international, beispielsweise in den USA oder Japan, erzielen seine Werke fünfstellige Preise. Das sind astronomische Summen für den durchschnittlichen Kubaner, mit dem er sich so gern identifiziert. Tatsächlich ist der Künstler eine ausgesprochen sympathische Erscheinung; die Liebe zu den einfachen Leuten nimmt man ihm sofort ab. Als wir eine halbe Stunde zu spät eintreffen, ist der imposante Mann aber verständlicherweise zunächst etwas kurz angebunden und verweist auf seine knappe Zeit. Mein liebenswerter Begleiter Natchy hatte sich offenbar doch geirrt, als er beteuerte, dass eine halbe Stunde Verspätung auf Kuba gar kein Thema sei. Nachdem ich mich entschuldige und wir feststellen, dass unsere Töchter beide in Paris leben, ist das Eis aber gebrochen. Choco erzählt gern; seine dringenden Reisevorbereitungen sind nun gar nicht mehr so furchtbar eilig und ich muss mich fast zwingen, mich zu verabschieden. Das Wissen darüber, dass er bald auch in der Schweiz ausstellen wird, macht mir den Abschied um einiges leichter und ich glaube ihm, als er sagt: »Natürlich werden wir uns auch dort gemütlich unterhalten können. Wenn man will, hat man doch immer Zeit.«

Imms, was bedeutet für dich Freundschaft?

Immanuel (Imms), 23, Boxtrainer, Windhoek, Namibia:

Ein Freund kann dir helfen, vorausgesetzt, du vertraust dich ihm an; er kann nicht all deine Sorgen erraten. Aber nimm dich in Acht vor falschen Freunden: Als mein Vater im August starb, kamen gerade mal elf Leute zur Beerdigung. Als mein Bruder Paulus dagegen seinen letzten Kampf gewann, waren plötzlich wahnsinnig viele Leute da.

Stellen Sie sich vor, drei Ganoven versuchen Sie am helllichten Tag inmitten des Stadtzentrums auszurauben. Sie können sich gerade noch auf die andere Straßenseite in ein wartendes Taxi retten. Sie erschrecken ein zweites Mal, weil dort bereits ein junger Mann im Fond sitzt und die Wegelagerer anherrscht. Diese erschrecken ihrerseits und schleichen sich kleinlaut davon. Genau das ist mir in Windhoek passiert. Mein Mitfahrer stellt sich als Imms vor; er ist Boxtrainer und stadtbekannt – der personifizierte Schutzengel. Sein älterer Bruder Paulus ist Afrikanischer Boxchampion im Leichtgewicht und gewinnt drei Jahre später gar den WBA-Weltmeisterschaftstitel. Der Chauffeur fragt: »Wo wollen Sie hin?« »Keine Ahnung«, antworte ich. »Bringen Sie mich einfach an einen sicheren Ort.« Die Reisewarnung des Auswärtigen Amtes, bloß nicht in ein besetztes Taxi zu steigen, ignoriere ich diesmal großzügig. Meine Waghalsigkeit wird sogar belohnt, als Imms mich zu sich nach Hause einlädt, wo ich in entspannter Atmosphäre doch noch zu einem Interview komme.

Ich habe nicht viele enge Freunde. Und wenn ich finanzielle Probleme habe, können mir die leider auch nicht helfen, denn die sind genauso arm wie ich.

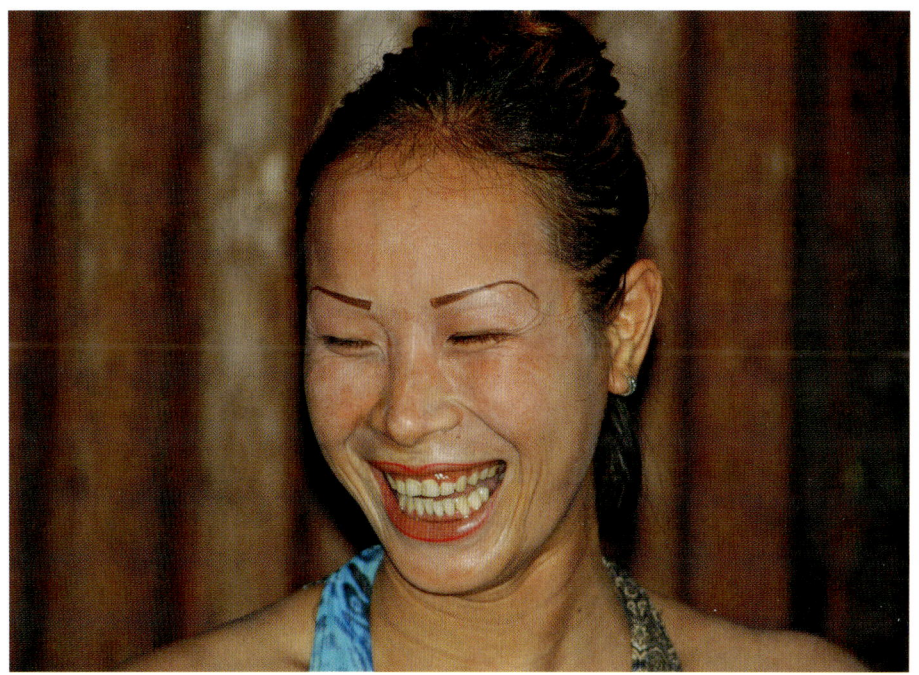

Thao verrät mir, dass sie jede Arbeit annehmen würde, um reich zu werden. Ohne zu zögern würde sie dazu nötigenfalls auch das Land verlassen. Thaos Mutter hütet die sechsjährige Tochter, während sie selbst hier am Hafen von Can Tho, mitten im Mekongdelta, Früchte verkauft. Es wäre wirklich mal an der Zeit, dass sie ihr etwas zurückgeben könnte. »Aber«, räumt Thao ein, »ich bin irgendwie auch sehr gern hier. Zusammen mit meinen Freundinnen fühle ich mich wohl und die Zeit vergeht wie im Flug.« Als die deutlich älteren Kolleginnen neben ihr das Lob hören, lächeln sie erfreut und nicken mir bestätigend zu.

Thao, was bedeutet für dich Freundschaft?

Nita, was bedeutet für dich Freundschaft?

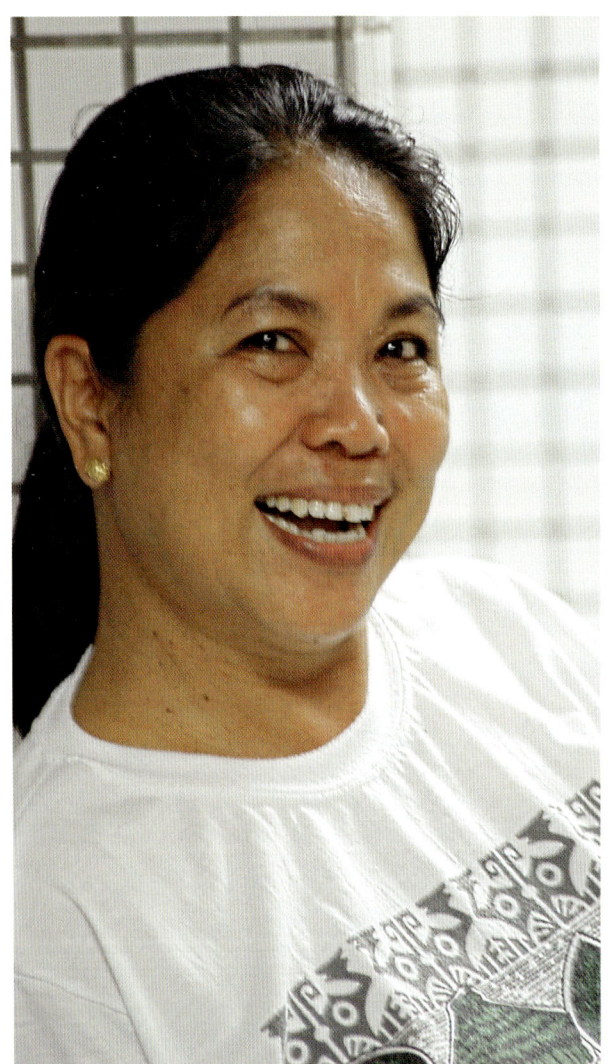

Nita, 50, Haushälterin und Kindermädchen, Manila, Philippinen:

Freundschaft kann man nicht kaufen. Zwei Menschen, die sich einander verpflichten und offen über alles sprechen können. Wenn dich ein Freund verlässt, bist du traurig.

Für Nita hat Freundschaft eine ganz besondere Bedeutung. Ein Gutteil ihrer Freundinnen und Freunde hat sie nämlich selbst großgezogen. Ich treffe sie in Brunei bei einer deutschen Expat-Familie. Dort macht sie den Haushalt und kümmert sich um die zwei kleinen Kinder – und zwar so, als wären es ihre eigenen. Fünfzehn Rangen hat sie in den letzten fünfundzwanzig Jahren betreut und sie alle ins Herz geschlossen. Stolz berichtet Nita, dass sie zu fast allen noch regelmäßigen Kontakt pflegt – wie eine echte Freundin halt.

Mbang, was bedeutet für dich Freundschaft?

Mbang Pièrre, 40, Jäger und Sammler, Namayo, Kamerun:

Wenn man Hilfe benötigt, dann helfen einem die Freunde. Sie geben Geld oder Kleidung. Doch wo sind sie nur, diese Freunde?

Der Regenwald von Kamerun wird rücksichtslos abgeholzt. Entlang der Lehmstraße durch den Dschungel kommen uns nur selten Privatfahrzeuge entgegen, die Lastwagen der Holzfäller hingegen im Zehnminutentakt. Kamerun ist Chinas wichtigster afrikanischer Holzlieferant. Die vom Wald an die Straße zwangsumgesiedelten Pygmäen sind die direkt Leidtragenden dieses Verbrechens an der Natur: Alkoholmissbrauch und zerrüttete Familienverhältnisse sind in den Dörfern entlang der Straße allgegenwärtig. Mbang Pièrre ist der älteste Sohn eines kleinen Pygmäenstamms. Sein Vater, seine Brüder, sein Sohn, er: Sie alle trinken während des Interviews und auch danach gierig den hochprozentigen Schnaps, den mein Guide ohne mein Wissen als Gastgeschenk mitgebracht hat. Abgemacht waren eigentlich Reis und Mehl – für mich eine ohnmächtige Situation.

Qingzhi, was bedeutet für dich Freundschaft?

Qingzhi, 27, Modedesignerin, Xi'm Shanxi, China:

Ein wahrer Freund lässt mein Herz lachen! Er bleibt bei mir, ob ich nun arm bin oder reich. Es macht mich traurig, wenn ich merke, dass jemand nur mit mir zusammen ist, weil er etwas braucht, und abhaut, sobald ich ihm nicht mehr nützlich bin.

Qingzhi ist eine chinesische Modedesignerin, die ihr Studium diesen Sommer an der renommierten École de la Chambre Syndicale de la Couture Parisienne abgeschlossen hat. Sechs Jahre lang pendelte die charmante Chinesin zwischen Paris und Xi'm Shanxi hin und her. Es sei ab und zu schon schwer, in zwei solch unterschiedlichen Welten zu leben, doch sie sehe in den Dingen meist das Positive. So sei sie viel offener und weniger schüchtern, seit sie in Frankreich gelebt habe. Hier in Europa seien ihr wiederum ihre chinesischen Wurzeln von Vorteil: »Wir brauchen zum Beispiel nicht so viele Arbeitspausen wie ihr Europäer«, sagt sie augenzwinkernd und mit einem unschuldigen Lächeln.

Und was bedeutet Freundschaft für Sie?

Ich beobachte Muhammed in seiner Buchhandlung, wie er ein Buch nach dem anderen mit prüfendem Blick öffnet und dann alphabetisch einordnet. Er ist ein passionierter Bücherwurm und freut sich, dass es mich, ebenfalls einen Buchmenschen, in seinen Laden verschlagen hat. Abgesehen von religionskritischen Inhalten ist die Pressefreiheit in Pakistan grundsätzlich gewährleistet. Muhammed versichert mir, dass ich bei ihm fast alle Bücher kaufen könne, ein wenig Geduld vorausgesetzt. Für einen guten Einblick in die Geschichte seines Landes empfiehlt der Buchhändler »Ice Candy Man« von Bapsi Sidhwa. Darin wird die folgenreiche Aufteilung der Britisch-Indischen Kronkolonie in die Indische und die Pakistanische Republik 1947 beschrieben. Ein Must.

Muhammed, 35, Buchhändler, Neu-Karatschi, Pakistan:

Sei immer für einen Freund da, aber lass ihm auch Raum und erwarte nicht, dass er jede deiner Meinungen teilt. Eure Freundschaft soll jeder sehen können, aber nur ihr selbst sollt sie fühlen.

Dany, 43, Geschäftsführer, Sorel-Tracy / Québec, Kanada:

Freundschaft ist stärker als Liebe. Liebe kann nämlich leicht in Hass umschlagen, weil sie intensiver ist. Freunde sollten zivilisiert debattieren können, ohne sich gegenseitig behaupten zu wollen. Ich werde für einen Freund immer da sein und ihn gegen alles und jeden verteidigen.

Was hat meinen Jugendfreund Dany damals mit dreißig wohl bewogen, nach Kanada auszuwandern? Vermutlich sein Freiheitsdrang. Er musste seinen Weg gehen, sich selbst finden. In der Schweiz wäre ihm dies nicht gelungen, davon ist er überzeugt. Als wir zusammensitzen und Musik aus früheren Tagen hören, macht sich keinerlei Wehmut breit; heiter denken wir an die gemeinsame Zeit zurück. Auch wenn ihm das Leben in Kanada so manche Prüfung gestellt hat, glaubt er nach wie vor, dass der Tag, an dem er seine große Entscheidung gefällt hat, einer der glücklichsten seines Lebens war.

Dany, was bedeutet für dich Freundschaft?

Pearl, was bedeutet für dich Freundschaft?

Pearl, 8, Schülerin, Aitutaki, Cook-Inseln:

Ich habe Mädchen, aber auch Jungs als Freunde. Wir teilen unser Spielzeug, spielen miteinander im Wasser oder am Strand und machen gemeinsam Ausflüge zu unseren Lieblingsmotus*. Hm, ja, und Freunde sind voll lieb zueinander.

Pearl ist die Tochter der aufmerksamen Rezeptionistin Lexie und die Enkelin der Eigentümerin einer fantastischen Bungalowanlage in Aitutaki. Die Schülerin ist ein lustiges und wohlerzogenes Mädchen. Eines Tages beschließe ich, ein etwas entferntes Motu (* polynesisch für Inselchen eines Riffs) zu erkunden. Kaum angekommen, höre ich unverhofft im Rücken eine Stimme, die fröhlich meinen Namen ruft. Es ist Pearl. Sie ist einfach an jedem Strand dieser Gegend daheim!

Hterinda, was bedeutet für dich Freundschaft?

Hterinda, 49, Mönch, Yangon, Myanmar:

Freundschaft heißt für mich Wissen teilen. Es darf allerdings unter Freunden im geistigen Sinne kein Gefälle bestehen. Ebenbürtigkeit ist enorm wichtig. Je länger eine Freundschaft dauert, desto besser wird sie.

Mein Begleiter Lin ist sich sicher: »Schau, dieser Mönch dort drüben ist auf einem hohen spirituellen Level, das sehe ich ihm an.« Es stimmt, Hterinda lebt seit seinem vierzehnten Lebensjahr im Panvidarama-Kloster und ist dort inzwischen als Meditationslehrer tätig. Sein Vater habe ihn drei Jahre lang davon abzubringen versucht – vergeblich. »Und obwohl mein Vater behauptet, er sei ein Buddhist«, so Hterinda, »ist er in Wahrheit ein Materialist.« Der Mönch ist über seine Wahl immer noch sehr froh: Er habe keine Familie, keinen Stress, sei einfach nur glücklich. Zudem müsse er sich nicht ums Essen kümmern, die Menschen in Myanmar seien sehr großzügig und bedenken die Mönche oft mit Geschenken. Nach einer Pause schaut er mich schmunzelnd an und sagt: »Du bist nun fast so alt wie ich und reist also herum, um herauszufinden, was Freundschaft ist. Ich biete dir gern an, mal ein paar Wochen zu mir ins Kloster zu kommen und zu meditieren, vielleicht wäre das ja sinnvoller. Was denkst du?«

Raquel, 55, Wirtin, São Paulo, Brasilien:

Das ist sehr wichtig für mich. Freundschaft ist Austausch, Respekt, etwas wahnsinnig Wertvolles. Freunde geben mir die Kraft weiterzumachen.

Die früher als Journalistin tätige Raquel führt heute ein kleines jüdisches Restaurant im noblen Stadtteil Jardims. Ein Freund empfiehlt es mir und meint: »Raquel ist cool, mit ihr musst du sprechen.« Bei meiner Ankunft bewundere ich die unzähligen Zeitungsausschnitte an der Wand. »Ja, du bist nicht der Erste. Sogar die New York Times hat schon über uns geschrieben«, unterbricht sie mein Staunen. Interessanterweise will sie dann aber gar nicht viel über sich erzählen. Nicht die Vergangenheit, sondern die Gegenwart sei ihr wichtig. Sie will schöne Momente mit Menschen genießen, die sie gern hat. Für die Zukunft hat sie nur einen Wunsch: Es brauche viel mehr Frieden als heute.

Raquel, was bedeutet für Sie Freundschaft?

Doris, was bedeutet für Sie Freundschaft?

Kurz nach sechs Uhr morgens steht Doris mit der Sonne auf. Ihre Familie packt die geernteten Süßkartoffeln, den Maniok und die Betelnüsse der Arekapalme in den Korb, auch ein paar getrocknete Fische sind dabei. Dann geht's hinunter an den Strand, wo das Kanu bereits wartet. Zusammen mit einem ihrer Söhne und drei Enkelkindern macht sie sich auf den Weg zum Markt. Eine Stunde lang müssen sie rudern, die Paddel verstecken sie in der Nähe des Hafens. Von dort aus laufen sie die steile Straße zum Dorf Tufi-Station hinauf. Hier setzt sich Doris neben ihre gleichaltrigen Freundinnen und bietet ihre Ware feil, während der Sohn eine Betelnuss kaut und die Enkel mit ihren Freunden spielen. Etwas Aufregung kommt auf, als ich Doris nach ihrem Alter frage. Sie kennt es nicht, wie die meisten der über Vierzigjährigen hier. Mithilfe ihrer drei etwa gleichaltrigen Freundinnen einigen wir uns schließlich auf achtundsiebzig.

Doris, 78, Marktfrau, Igirua, Papua-Neuguinea:

Liebe und teilen. Ich meine teilen, nicht tauschen; denn um zu tauschen, muss man nicht befreundet sein.

Brayam, was bedeutet für dich Freundschaft?

Ein Gefühl der Zuneigung. Ein Austausch von Ideen und Ansichten zum Wohle beider. Im richtigen Moment füreinander da zu sein. Ich setze mich ohne Wenn und Aber und mit ganzer Kraft für meine Freunde ein.

Er sei eigentlich nur auf der Durchreise, meint Brayam, ein Berber aus der Kabylei. Wenn er genug Geld beisammen hätte, ginge es dann weiter um die Welt. Seit zwei Jahren arbeitet der Lehrer aus Bejaia nun als Barkeeper in Paris. Nebenbei macht er seinen Master in Spanischer Literatur. Davor unterrichtete er Spanisch und Französisch in seinem Heimatort inmitten der Wüste. »Bildung ist der Schlüssel zum Frieden«, davon ist Brayam überzeugt. Die meisten Berber seiner Region streben nach Autonomie und haben ein säkulares Staatsverständnis. Ich denke noch lange an ihn zurück und wünsche mir, dass er seine Begeisterung für Sprachen, Frieden und Gerechtigkeit schon bald wieder aus der Welt in die Klassenzimmer Algeriens trägt.

Kasuko, was bedeutet für dich Freundschaft?

Jeden Morgen reibt sich Kasuko mit einer roten Paste ein. Das mit Ziegenfett vermischte Pulver des zerriebenen roten Ockersteins pflegt und schützt ihre Haut vor der brennenden Sonne; es wird von der eitlen Himba-Frau aber auch benutzt, um die typische Haartracht zu stylen. Kasuko hat noch keine Kinder; sie wird heute auf dem Feld arbeiten, das Vieh hüten und kochen. Eigentlich sollte sie ja bald heiraten und eine eigene Familie gründen, doch damit, so verrät sie mir, eilt es ihr nicht. Als Waise strandete sie einst in der kleinen Stadt Kamanjab, lebte dort auf der Straße und erhielt schließlich auf der Burger Farm die Möglichkeit, in ihre Kultur zurückzufinden – soweit das eben möglich ist. Das traditionelle Nomadendasein haben die Himbas hier längst aufgegeben, sie können also wichtige Nahrungsmittel oder Medikamente auch mal im Supermarkt von Kamanjab erwerben. Doch nach den schlimmen Erfahrungen dort macht Kasuko einen großen Bogen um die Stadt.

Kasuko, 16, Dorfbewohnerin auf der Burger Farm, Kamanjab, Namibia:

Blut ist wichtiger als Freundschaft. Wenn du viel hast, hast du auch viele Freunde; wenn du aber krank wirst, kehren sie dir alle den Rücken.

Agus, was bedeutet für dich Freundschaft?

Agus, 38, Ingenieur, Bali, Indonesien:

Freundschaft ist mehr als Familie. Wenn ich ein Problem habe, gehe ich zu Freunden. Sie hegen kein eigenes Interesse, sie wollen einfach nur, dass ich glücklich bin.

Ein lieber Nachbar hat mir die Tür zur Zweigniederlassung einer Schweizer Firma in Indonesien geöffnet. Der Filialleiter, ein kerniger Schweizer, stellt mir den blitzgescheiten Ingenieur Agus zur Seite. Er wird mich im firmeneigenen SUV begleiten, um die nähere Umgebung auszukundschaften. Agus ist auf Bali aufgewachsen und überlegt fieberhaft, wie ich diese wunderbare Insel trotz Termindrucks noch besuchen könnte. Vor Kurzem wurde er zum Direktor ernannt, erzählt er mir stolz. Privat macht er dagegen gerade eine ziemlich schwierige Zeit durch. Er lebt in Scheidung, genießt allerdings auch die neu gewonnene Freiheit. Sein Motto lautet: Man sollte die Dinge nicht allzu ernst nehmen – oder wie man hier sagt: aus einer Katze keinen Tiger machen.

Melvin, Giovanna, ...

Melvin, 54, Fischer, Kapstadt, Südafrika:

Das ist ein ganz kleiner Kreis: meine Frau, meine drei Kinder, die zwei Hunde, eine Katze. Warum? Als ich früher einmal massive Probleme hatte, war keiner meiner angeblichen Freunde für mich da.

Melvin liebt das Leben, die Menschen aber haben ihn bitter enttäuscht. Ohne Zweifel, dieser Mann hat gelebt und während einer schweren Krankheit auch dem Tod ins Auge gesehen. Seine Arbeit schätzt er sehr, weil sie ihn von der Straße fernhält. Nur kurz stellt er mir an seinem Arbeitsplatz, einem großen Fischerboot, seine Kollegen vor und spricht in ihrer Gegenwart ganz offen über seine Beziehung zu ihnen: »Siehst du, die sind schon ganz in Ordnung, Kumpels halt, aber Freunde, nein, Freunde sind das nicht.«

... was bedeutet für Sie beide Freundschaft?

Giovanna, 78, Rentnerin, San Giorgio, Italien:

Freundschaft ist wahnsinnig wichtig. Leider hat sich über die Jahre hinweg nur ein Freund in meinem Leben bewährt: nämlich Brad, mein treuer Hund. Hast du keine echten Freunde mehr, dann bleibt die Familie. Die ist immer für dich da!

In San Giorgio, einem kleinen Ort unweit von Neapel, geben die meisten Menschen lieber keine Interviews. Man spricht hier nicht so gern über sich – und über die anderen schon gar nicht! Zum Glück sind aber nicht alle so misstrauisch. Giovanna erzählt mir, dass sie zwar keine eigenen Kinder hat, als Ersatz-Nonna aber ihre vielen Nichten und Neffen gern liebevoll verwöhnt. »Es ist wichtig, den Jungen ein positives Weltbild mit auf den Weg zu geben. Nur so haben sie später einmal den Mut, für ein besseres Morgen einzustehen.«

Nina Jacu, und was bedeutet Freundschaft ...

Nina, 24, Studentin, Maputo, Mosambik:

Freundschaft ist wichtiger als Liebe.
Denn die Liebe ist endlich, die
Freundschaft aber kann ewig dauern.

Nina ist das älteste von sechs Geschwisterkindern. Weil ihr Vater die Familie verlassen hat und überdies inzwischen schwer krank ist, muss sie zusammen mit ihrer Mutter die Familie ernähren. Doch so sehr sie sich auch bemüht, Nina findet seit einem Jahr einfach keine Arbeit. So sitzt sie nun traurig auf einer Parkbank, Vögel singen in den Bäumen und auch tagsüber flattert ein Schwarm riesiger Flughunde aufgeregt umher. Ich würde ihr so gern helfen können.

Jacu, 30, Farmer, Kamanjab, Namibia:

Freundschaft? Wow, das ist schwierig. Das bedeutet viel mehr als nur Beziehung. Richtig gute Freunde sind selten. Da kannst du zum Beispiel morgens um zwei Uhr anrufen und sagen: Hey, ich bin in einer Scheißsituation, ich sitze im Knast, hol mich hier raus. Sobald aber Sex hinzukommt, endet Freundschaft und dreht in eine Beziehung. In neunzig Prozent der Fälle wirst du damit verlieren.

... für euch beide?

Nach einer sechsstündigen Autofahrt biegt der Fahrer unvermittelt links ab, Staub wirbelt auf, ein verwittertes Holzschild mit der Aufschrift »Burger Farm« empfängt uns. Wir befinden uns in der Region Kunene, auf einer großen Farm am Rande des Himba-Gebiets. Jacu begrüßt uns freundlich. Der jüngste Spross der Großgrundbesitzer hat ein großes Herz; von allen Seiten wird ihm attestiert, dass er gestrandeten Himbas eine echte Chance bietet. So unterstützt er nicht nur einen kleinen Stamm, der ganz in der Nähe ein Dorf errichtet hat, er betreut auch das benachbarte Waisenheim mit rund zwanzig Himba-Kindern. Die Finanzierung des Betriebs erfolgt über Touristen, die die Siedlung gegen ein Entgelt besuchen dürfen. Weshalb dieses Engagement? Vor vielen Jahren schloss eine Himba-Mutter den damals noch kleinen Jacu ins Herz und »adoptierte« ihn. Mit seinem heutigen Engagement möchte der »weiße Himba« nun diesem Volk etwas von der erfahrenen Liebe zurückgeben.

Adelaida, was bedeutet für dich Freundschaft?

Adelaida, 16, Schülerin, Gunung Batur, Bali, Indonesien:

Freundschaft? Mit Ihnen? Nein, mein Herr!

Ich hätte es ahnen müssen. Adelaida ist eine der Bergführerinnen, die unsere Touristenschar auf den Vulkan Gunung Batur hochlotst. Auf dem Weg nach oben erkläre ich ihr umständlich, dass unsere Nationalheldin Heidi heißt, also fast wie sie, und dass sie ebenfalls in den Bergen wohnt. Sie kommentiert das nicht weiter, wechselt schnell das Thema und spricht in ihrem einfachen Englisch über den Vulkan. Hat sie mich überhaupt verstanden? Beim Abstieg erkläre ich ihr trotz dieser Unsicherheit mein Projekt und zurück im Tal frage ich Adelaida, was Freundschaft für sie bedeutet. Doch sie versteht das Wort »Freundschaft« zweideutig und reagiert empört. Was für ein fatales Missverständnis! Ich möchte im Erdboden versinken. Zum Glück taucht just in diesem Moment der offizielle Bergführer auf und klärt die Sache auf. Ich bin gerettet. Für ein richtiges Interview bleibt keine Zeit mehr. Freundschaft und Missverständnisse, denke ich: Auch das gehört dazu.

Sandra, 25, NGO-Programmmanagerin, Johannesburg, Südafrika:

Echte Freunde passen einfach in jede Situation. Du bist froh, wenn du sie siehst, egal ob du nun glücklich oder traurig bist. Sie bringen dich zum Lachen und sie sind da, wenn du sie brauchst.

Sandra arbeitet als Programmmanagerin für die African Broadcast Partnership against HIV. Diese NGO unterstützt nationale Radio- und Fernsehsender in ihren Kampagnen gegen Aids. Aidsprävention sei gerade in Südafrika extrem wichtig, meint Sandra; ich könne mir gar nicht vorstellen, wie gravierend diese Problematik hier im Vergleich zu Europa sei. Aktuell sind fast zwanzig Prozent aller Erwachsenen infiziert. Immerhin werden inzwischen fünfzig Prozent der Erkrankten erfolgreich medikamentös behandelt, während es noch 2007 nur dreißig Prozent waren. Sandras Job ist stressig, viel Zeit für die Pflege ihrer Freundschaften bleibt ihr da nicht. »Aber wenn ich dann mal mit Freunden zusammen bin, genieße ich diese glücklichen Momente umso mehr.«

Sandra, was bedeutet für dich Freundschaft?

Jean, was bedeutet für dich Freundschaft?

Jean, 16, College-Studentin, Manila, Philippinen:

Darüber habe ich mir noch nie Gedanken gemacht. Hm, für einen Freund da sein, ihm helfen, die richtigen Entscheidungen zu treffen.

In der Filiale einer großen Coffeeshop-Kette im Zentrum Manilas herrscht eine ausgelassene Stimmung. Die Studentinnen und Studenten feiern, schließlich haben sie gerade eine wichtige Abschlussprüfung hinter sich gebracht. Die Erleichterung ist greifbar. »Natürlich bin ich glücklich, dass ich die Prüfung bestanden habe«, sagt Jean. »Mein großes Ziel ist es aber, eines Tages eine erfolgreiche Unternehmerin zu werden.«

Kenji, 53, Teigwarenfabrikant, Ehimeken, Japan:

Wenn ein Freund glücklich ist, bin ich es ebenfalls. Wie soll ich das erklären? Also, wenn jemand erfolgreich ist, der mir nicht besonders nahesteht, bin ich vielleicht schon etwas neidisch. Wenn dieser Jemand aber mein Freund ist, freue ich mich einfach für ihn.

Kenji, was bedeutet für Sie Freundschaft?

Kenji arbeitet, um zu leben. Allerdings hart, um gut zu leben. Dass er seine Frau und seine Schwester übers Wochenende in ein teures Tokioter Hotel einladen kann, erfüllt ihn sichtlich mit Stolz. Dann erzählt er mir von seiner Teigwarenfabrik, die er damals aus dem Nichts heraus aufgebaut hat und die heute über hundert Mitarbeiter beschäftigt. Er ist überzeugt, dass die Erfolgsgeschichte so weitergeht. Immerhin arbeitet seine Tochter bereits in der Firma und sein Sohn wird ebenfalls bald in seine Fußstapfen treten.

Fernando, 34, Biologe, Barra dos Garças, Brasilien:

Freundschaft? Das ist für mich die seltene Chance, jemanden, der nicht zur Familie gehört, zu einem Teil von uns zu machen. Wenn es ein Problem mit Freunden gibt, versuche ich immer, beide Seiten zu sehen. Meine Freunde haben immer recht, meine Feinde nie.

Exkursionen ins Indianergebiet würden leider schon lang nicht mehr angeboten, entschuldigt sich die freundliche Inhaberin des Reisebüros vor Ort. Doch irgendwie gefällt ihr mein Projekt. Kurzerhand ruft sie Fernando an, einen jungen Biologen, der öfter einmal mit ihr zusammenarbeitet. »Fernando, wie geht's? Daniel, ein Freund (!) von mir, möchte zu den Xavantes, kannst du da für morgen etwas organisieren?« Nach einer kurzen Terminklärung nickt sie mir zu, legt auf, meine Exkursion steht. Einfach so. Tags darauf lerne ich Fernando persönlich kennen, er stellt mich seinem Kollegen Maurinho vor und wie beste Freunde machen wir uns zu dritt auf ins Reservat. Abends lädt mich Fernando schließlich sogar noch zu sich zum Essen ein. Gastfreundschaft und Offenheit scheinen hier grenzenlos. Danke, danke, danke.

Fernando, was bedeutet für dich Freundschaft?

Und was bedeutet ...

Chisato, 6, Schülerin, Tokio, Japan:

Meine Freunde machen mich glücklich.

Angst vorm Doktor? Nein, die habe Chisato ganz sicher nicht, berichtet die Mutter dieser kleinen Heldin stolz. Nach dem Besuch im Fastfood-Restaurant geht's nämlich gleich zum Impfen. Den Grund für ihren Mut verrät mir Chisato selbst: Sie möchte nämlich später einmal Krankenschwester werden und so ein kleiner Pieks, der mache ihr gar nichts aus.

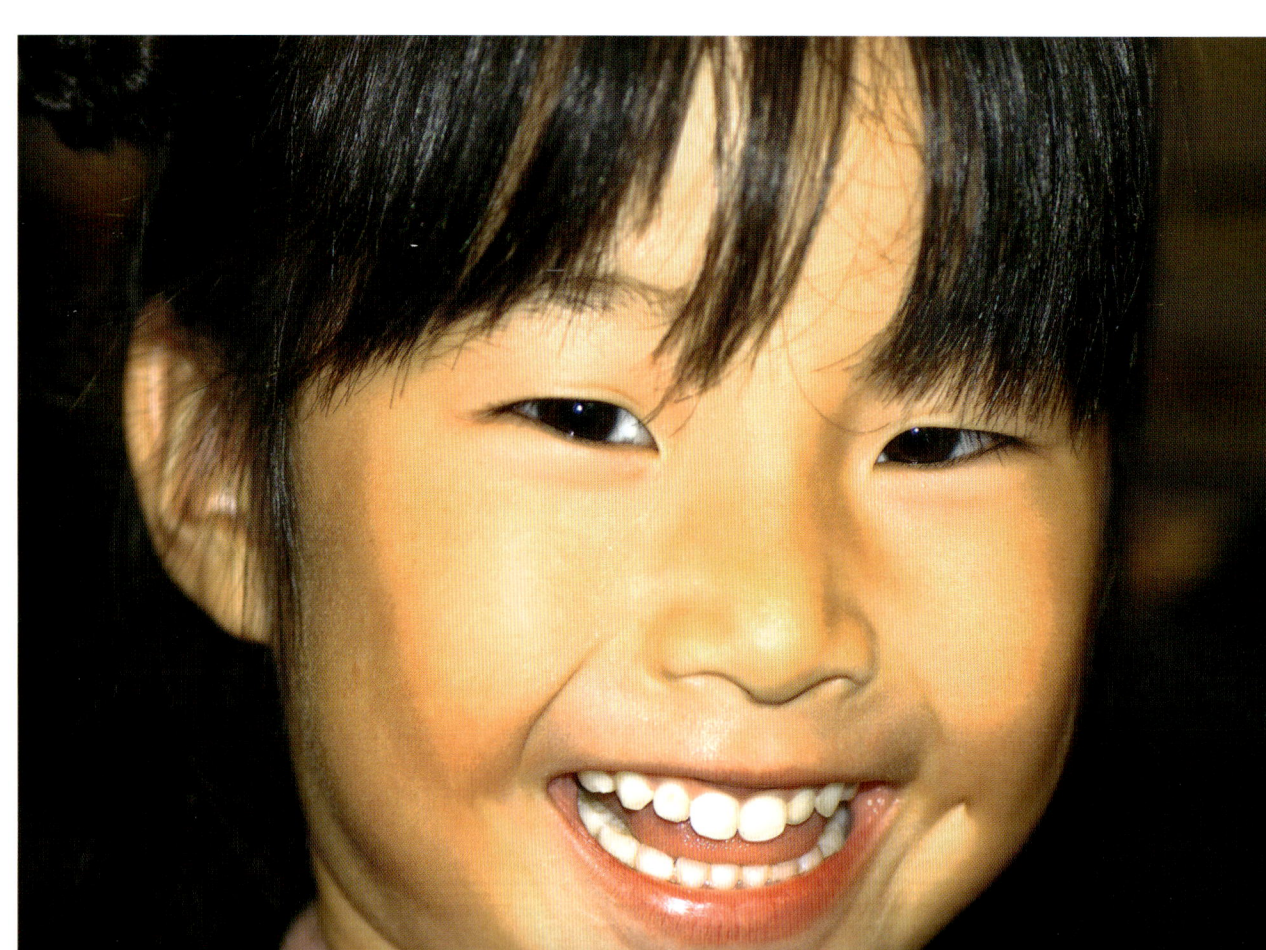

Franz, 66, Unternehmer, Hettlingen, Schweiz:

Ich habe keine Freunde – und ich bin dennoch glücklich.

Franz lehnt sich bequem zurück; im Leben genauso wie in unserem Gespräch. Sein Sohn hat gerade das erfolgreich aufgebaute Geschäft übernommen und Franz ist mit sich und der Welt rundum zufrieden. Mit seiner bezaubernden Frau habe er sich so eingerichtet, dass er keine Freunde brauche. Dieser optimistisch eingestellte Mensch schöpft das Glück einfach aus sich selbst. Natürlich habe er schon ein paar gute Bekannte, aber Freunde seien das nicht. So ist sein Leben.

... für euch beide Freundschaft?

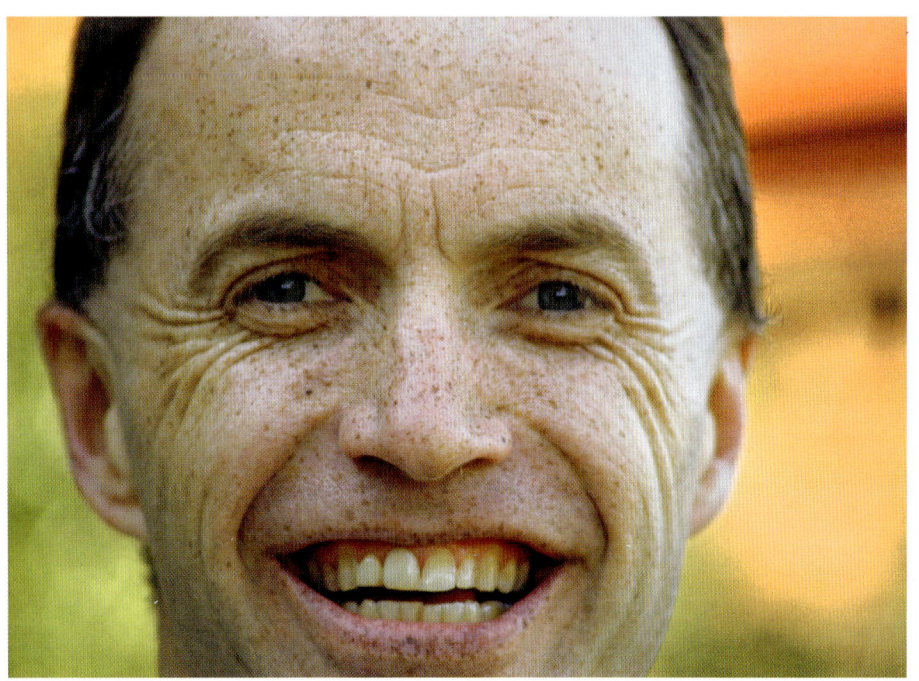

James, 42, Buchhalter, Sydney, Australien:

Freundschaft mit Tiefgang. Eine Handvoll Leute, mehr brauche ich nicht. Ich möchte bei Freunden meine Gefühle ausdrücken und meine Meinung frei äußern dürfen.

James lerne ich über Anna kennen, die meine Interviews in Australien organisiert. Von unserem Spontanbesuch fühlt er sich zwar ein wenig überfallen, wie er uns später gesteht; der abgebrühte Buchhalter lässt sich jedoch nichts anmerken, im Gegenteil. Als ich ihn bitte, für das Foto zu lächeln, hört er gar nicht mehr auf und seine herzliche Art wirkt ansteckend. Lachen macht hungrig, denkt sich da seine Frau, zaubert im Handumdrehen ein paar Köstlichkeiten und lässt uns erst wieder gehen, als wir alles artig verputzt haben.

James, was bedeutet für dich Freundschaft?

Je mehr Freunde, desto besser. Denn mit vielen Freunden ist alles leichter. Man denke nur ans Ausgehen; allein wäre das doch die Hölle.

Antony setzt Prioritäten. Wichtig sind ihm viele Freunde. Das große Geld oder andere materielle Dinge interessieren ihn dagegen gar nicht: Er hätte eine schöne Arbeit, verdiene ausreichend und könne sich dreimal am Tag satt essen. Deshalb sei er wunschlos glücklich und hoffe einfach nur, dass dies auch so bleibe.

Antony, was bedeutet für dich Freundschaft?

Louise, was bedeutet Freundschaft für dich?

Louise, Jolie Fleur und ein halbes Duzend anderer Kinder sind in ihr Spiel vertieft. Die Schönheit der Natur hier in Kribi ist überwältigend. Inmitten eines kilometerlangen weißen Strandes, umgeben von Dschungel und riesigen Felsbrocken, stürzt der Lobé-Fluss in tosenden Wasserfällen ins Meer. Unglaublich: Keine hundert Jahre ist es her, da gehörte dieser Ort, meiner Ansicht nach einer der schönsten Flecken der Erde, noch zu Deutschland. Von 1884 bis 1919 war Kamerun deutsches Schutzgebiet und Kribi administratives und wirtschaftliches Zentrum des Südens der Kolonie. Heute sucht hier die arme Bevölkerung nach Wegen, ihre Existenz zu sichern. Konfrontiert mit der harten Realität des Alltags, lernen die Kinder früh, sich selbst und sich gegenseitig zu schützen. Sie wissen, dass sie allein nicht überleben werden. Louise antwortet nicht direkt auf meine Frage. Als ich sie aber zum Essen einlade, macht sie sehr schnell klar, was sie unter Freundschaft versteht.

Louise, 8, Schülerin, Kribi, Kamerun:

Ich setze mich nur zu euch an den Tisch, wenn Jolie Fleur auch mitessen darf.

Namunyak, Perle, …

Namunyak, 27, Hausfrau, Kolong, Massai Mara, Kenia:

Freundschaft? Du meinst nicht die zwischen Mann und Frau? Ich verstehe. Eine enge Freundin ist meiner Meinung nach eine Person, mit der du Essen oder Geheimnisse teilst.

Wenn ich jemandem in Kenia ein Geheimnis anvertrauen würde, dann wäre diese Person die sympathische Namunyak. Die junge Mutter von fünf Kindern lebt in einem einfachen Dorf in der Massai Mara. Ein Ort, an dem Chief Kichili, das weise Stammesoberhaupt, folgendes über die Freundschaft sagt: »Ein guter Freund leiht dir eine Kuh oder er schenkt sie dir gar. Ein guter Freund darf auch deine Tochter heiraten.« Derart eingebunden in die festen Strukturen der Massai-Kultur, träumt Namunyak manchmal davon, in der Stadt ein modernes Leben zu führen. Ich zweifle keinen Augenblick daran, dass sich die aufgeweckte Massai dort wacker behaupten würde. Und ich bin mir fast sicher, dass sie zumindest eine ihrer Töchter irgendwann zu diesem Schritt bewegen wird.

... was bedeutet für euch Freundschaft?

Petra Perle ist frei nach Karl Valentin »in München weltberühmt«: Die Allroundkünstlerin, die hier alle nur Perle nennen, war früher in der alternativen Schlagerszene unterwegs, taucht immer wieder mal in kleineren Film- und Theaterrollen auf und betreibt inzwischen einen Handarbeitsladen im legendären Münchner Glockenbachviertel. Dort häkelt sie, dass die Nadel glüht – hippe Outfits, aber auch Objekte wie Schwarzwälder Kirschtorten oder Marterpfähle. Und Bücher schreibt sie auch noch. Ihre Kreativität ist grenzenlos; sie speist sich aus der Überzeugung, dass sie alles, was ihr in den Sinn kommt, mit ihrer Hände Arbeit erschaffen kann. Nur eines konnte sie nicht einfach so herbeizaubern: eine ähnlich intensive Freundschaft wie diejenige zu ihrer ehemaligen Schulkameradin. Lange hat sie danach gesucht und beinahe schon aufgegeben, da führte letztes Jahr der Zufall gleich zwei solcher Menschen in ihr neu eröffnetes Lädchen. Die souveräne Perle verliert für einen Augenblick die Fassung und kann eine kleine Träne nicht unterdrücken, als sie mir von diesem Glück berichtet.

Perle, 54, Allroundkünstlerin, München, Deutschland:

Ich habe das große Glück, derzeit zwei sehr intensive Freundschaften zu erleben. Rückhalt, Harmonie – es ist wie Verliebtsein, nur eben ohne die sexuelle Komponente. Einen Freund lässt du sehr nahe an dich ran. Er darf dein Herz berühren und du seines.

Und für Sie, Ladda?

Ladda, 34, Saloninhaberin, Bangkok, Thailand:

Heute habe ich nur noch eine gute Freundin. Meine beste Freundin starb leider vor einiger Zeit. Die letzten Male, als ich sie sah, spürte ich, dass sie sich Sorgen machte, mir aber nicht sagen wollte, was los war. Dann starb sie plötzlich und ich fühlte mich schlecht, weil ich ihr nicht helfen konnte.

Die Konkurrenz schläft nicht. Das weiß auch die Handvoll hübscher junger Damen, die vor Laddas Massagesalon Passanten ihre seriösen Dienste anpreist. Bei mir sind keine großen Überredungskünste nötig; der freundlich wirkende Salon liegt direkt gegenüber meinem Hotel und ich bin hundemüde. Ich bitte Ladda, mir die erfahrenste Masseurin zuzuteilen. »Sie haben recht, auch ich will immer nur das Beste, aber leider massiere ich seit ein paar Jahren nicht mehr selbst.« Mit diesen Worten überlässt sie mich lächelnd ihrer Stellvertreterin. Nach drei entspannenden Besuchen werde ich schon beinahe wie ein Stammgast behandelt und die eher zurückhaltende Ladda ist bereit, im Rahmen meines Projektes auch sehr Persönliches über sich preiszugeben.

Luiz, was bedeutet für Sie Freundschaft?

Die Comarca Guna Yala ist ein autonomes Territorium an der Nordküste Panamas. Es besteht aus 365 Inseln und wird von rund 40 000 Angehörigen des Kuna-Volks bewohnt. Im Inseldorf Playón Chico, das nur zu Luft oder zu Wasser erreichbar ist, leben 2 000 Indigene. Dort versieht der selbstbewusste Luiz seit knapp einer Woche das Häuptlingsamt. Charisma und persönliche Autorität brauche man, um zu führen, aber auch Bescheidenheit und Demut. Er empfängt mich gern und erklärt mir, dass er täglich liest und viel dazulernt. Nur so könne er seine Vision verwirklichen: von einer glücklich geeinten Gemeinschaft, die die Kultur bewahrt und trotzdem den Fortschritt zu nutzen versteht. Genau so habe ich Playón Chico erlebt. Doch die Verlockungen der modernen Konsumgesellschaft sind gewaltig. Das Gute erhalten, das Bessere adaptieren – für diese Herkulesaufgabe ist Luiz garantiert der richtige Mann.

Luiz, 64, Häuptling, Playón Chico, Guna Yala, Panama:

Einigkeit. Brüderlichkeit. Ich behandle alle Menschen gleich, ich bin allen ein Freund. Nur so kann ich sicherstellen, dass alle im Kongress erscheinen und auf meine Stimme hören.

Mukunda, was bedeutet für Sie Freundschaft?

Mukunda, 80, Fotograf, Baneshwor, Nepal:

Freundschaft ist das Größte auf der ganzen Welt.

»Sehen Sie all das Gold, das auf dem Everest liegt? Als ich den Berg damals so sah, war dies der glücklichste Moment meines Lebens. Und dann gelang mir auch noch dieses Foto«, erzählt Mukunda und streicht mit feuchten Augen liebevoll über das Cover eines großen Bildbands. Viele Jahre hat der Fotograf im Dienste des Staats gearbeitet; einige der schönsten Aufnahmen des Mount Everest stammen von ihm. Stolz zeigt er mir die vielen Werke, zu deren Realisation er beigetragen hat. »Ach«, schließt er, »ich würde viel darum geben, nur noch einmal diesen Berg zu sehen. Aber ich bin glücklich, denn ich brauche bloß die Augen zu schließen und habe sein Bild tausendfach vor mir.«

Niccole, Louis, was bedeutet Freundschaft ...

Niccole, 28, Lehrerin, Thousand Oaks, Kalifornien, USA:

Freundschaft ist wie tanzen. Du achtest darauf, deinem Partner nicht auf die Füße zu treten, während ihr gemeinsam den Moment genießt. Freundschaft bedeutet, etwas einzubringen, das den anderen nicht kleinmacht, sondern ihn zu etwas Größerem ergänzt.

Niccole ist Lehrerin für autistische Kinder. Es ist ihr Lebensinhalt, Menschen, die den Glauben an sich oftmals aufgegeben haben, an ihre Träume zu erinnern und sie davon zu überzeugen, dass auch das scheinbar Unmögliche möglich ist, wenn man es nur wirklich will. Auf ihren Rollschuhen tanzt Niccole so erhaben, dass sich ihre Freunde glücklich schätzen dürfen, wenn sie die Freundschaft mit einem innigen Tanz vergleicht.

... für euch beide?

Louis, 30, Städteplaner, Paris, Frankreich:

Freundschaften entstehen durch Widrigkeiten. Wie viele vermeintliche Freunde aus der Facebook-Liste kann man tatsächlich anrufen, wenn es hart auf hart kommt? Mich fasziniert an Freundschaften das Unkontrollierbare. Man hat keinerlei Macht darüber, wie und mit wem eine Freundschaft entsteht. Aber man muss die entstandene Beziehung pflegen, um sie aufrechtzuerhalten.

Mit einer kleinen Schere bewaffnet steht Louis vor seinem Bonsai und betrachtet ihn kritisch. Einem chirurgischen Eingriff gleich beschneidet er die Ästchen, gibt Wasser und legt die Steinchen zurecht. Schnell ist klar: Wenn Louis etwas macht, dann macht er das richtig. Und Louis ist vielseitig. Der Städteplaner und frischgebackene Papa strickt auch noch, malt, musiziert und ist leidenschaftliches Mitglied einer Capoeira-Gruppe. Woher er nur all diese Energie nimmt?

Und Panagiotis, was bedeutet Freundschaft ...

Panagiotis ist die gute Seele von Panagia Hozoviotissa. Hoch über der malerischen Insel Amorgos klebt das Kloster an einem Felsen. Der Verwalter sorgt für das Wohl der drei hier ständig lebenden Mönche und der durstigen Gäste, denen er bei Ankunft Wasser und einen feinen Likör serviert. Er hat alle Hände voll zu tun, nimmt sich für meine Fragen aber dennoch die nötige Zeit. Vielleicht auch, weil ich ihm ein wenig leidtue, hat mir doch der anwesende Mönch bereits ein Interview verweigert. Als ich am nächsten Tag spät abends in einer Bar im Hauptort der Insel den gleichen Likör empfohlen bekomme, erzähle ich der Bedienung von meiner Begegnung mit Panagiotis. Sie freut sich sehr darüber und gerät ins Schwärmen: »Ja, Panagiotis kenne ich gut. Er ist eine erstaunliche Persönlichkeit, ein extrem guter Freund!«

... für Sie?

Panagiotis, 45, Verwalter, Amorgos, Griechenland:

Das ist das Wichtigste im Leben. Freundschaft ist wichtiger als die Familie; sie vergrößert sie. Ich schließe leicht Freundschaften und engagiere mich oft stark, auch für Freunde, die ich noch nicht so gut kenne. Dabei wurde ich schon einige Male enttäuscht; ja, wahrscheinlich bin ich zu offen. Doch ich tue es immer wieder, denn Freundschaften zu knüpfen tut einfach zu gut, als dass ich es lassen könnte.

Poesie, Ehrlichkeit, Liebe, Familie:
Scynder und ihre Freunde über die Freundschaft ...

Die 100 Menschen ...

Land	Name	Nr.		Land	Name	Nr.		Land	Name	Nr.
Ägypten	Pater Justin	14		Italien	Anna-Claudia	41		Panama	Luiz	111
	Mohammed	16			Giovanna	93		Papua-		
	Hamida	29		Japan	Eri	17		Neuguinea	Graham	22
Algerien	Brayam	89			Kenji	100			Mary	51
Angola	Alfredo	71			Chisato	102			Frank	61
Argentinien	Elizabeth	34		Kamerun	Assi	18			Doris	87
Australien	Donna	10			Beline	46		Peru	Mercy	69
	James	104			Mbang Pièrre	79		Philippinen	Nita	78
Brasilien	Jairo	42			Louise	107			Jean	99
	»Menina«	54		Kanada	Dany	83		Russland	Nikolai	31
	Rosangela	62		Kenia	Namunyak	108			Ewgenija	72
	Raquel	86		Kolumbien	Dario	5		Schweiz	Silva	56
	Fernando	101			Amparo	55			Franz	103
Brunei	Shahrin	2		Kuba	Scynder	1		Senegal	Mamdou	63
	Albiah	59			Maximo	28		Singapur	Abdul	49
Chile	Gina	30			Eduardo (Choco)	75		Spanien	Pilar	8
	Yesenia	65		Malaysia	Manuel	40		Südafrika	Melvin	92
China	Huang	60		Mosambik	Nina	94			Sandra	98
	Qingzhi	81		Myanmar	Eindayi	4		Tahiti	Terupevai	70
Cook-Inseln	Pearl	84			Daw Nyunt	27		Thailand	Ladda	110
Dänemark	Thomas	57			Tok Tok	73		Türkei	Didem	13
Deutschland	Perle	109			Hterinda	85			Mustafa	48
Frankreich	Naïma	21		Namibia	Immanuel (Imms)	76			Abdullah	53
	Louis	115			Kasuko	90		Uruguay	Mariana	39
Griechenland	Paraskeví (Vula)	35			Jacu	95			Marcos	68
	Thanasis	47		Nepal	Swami Dandi	15		USA	Niccole	114
	Panagiotis	117			Mukunda	113		Vanuatu	Wesley	11
Großbritannien	Ross	43		Neuseeland	Vicky	23			Asline, Awak	19
Hongkong	Kenneth	33			Nadia	36			Chief Solomon	45
Indien	Preetam	7		Pakistan	Rasha	24		Venezuela	Manuel	37
Indonesien	Made	9			Muhammed	82			Julio	52
	Agus	91		Panama	Erinelda	3		Vietnam	Thanh	64
	Adelaida	97			Luiz	25			Thao	77
	Antony	105			Dailet	67				

Korrigenda (Die 100 Menschen ...)

Geschätzte Leserinnen, geschätzte Leser

Bei der Erstellung des Index auf Seite 124 »Die 100 Menschen...« ist ein Fehler passiert; die Seitenzahlen sind nicht korrekt. Doch Sie finden die Person auf der richtigen Seite ganz einfach: Addieren Sie zur gedruckten Seitenzahl + 4.

Korrekte Seitenzahl im Index = gedruckte Seitenzahl + 4:

Ägypten	Pater Justin	$14 + \underline{4} = \underline{18}$ (das Porträt steht auf Seite 18)
	Mohammed	$16 + \underline{4} = \underline{20}$ (das Porträt steht auf Seite 20)
	Hamida	$29 + \underline{4} = \underline{33}$ (das Porträt steht auf Seite 33)
Algerien	Brayam	$89 + \underline{4} = \underline{93}$ (das Porträt steht auf Seite 93)
...	...	...
Vietnam	Thao	$77 + \underline{4} = \underline{81}$ (das Porträt steht auf Seite 81)

Wir bitten um Verzeihung und wünschen Ihnen viel Vergnügen beim Stöbern.

Die Redaktion.

... und wo sie leben

USA
Kanada
Cook-Inseln
Tahiti
Venezuela
Kolumbien
Peru
Chile
Brasilien
Uruguay
Argentinien
Großbritannien
Frankreich
Schweiz
Italien
Dänemark
Deutschland
Türkei
Russland
Ägypten
Senegal
Kamerun
Namibia
Mosambik
Südafrika
Kenia
Pakistan
Nepal
Myanmar
Indien
Thailand
Malaysia
Vietnam
Singapur
Brunei
Indonesien
China
Japan
Philippinen
Papua-Neuguinea
Vanuatu
Australien
Neuseeland

Danksagung

Ein Buch, zumal ein Projekt von dieser Dimension, kann letztlich nur mit tatkräftiger und herzlicher Unterstützung anderer Menschen realisiert werden.

An erster Stelle möchte ich all jenen Personen danken, die sich zu einem Gespräch bereit erklärt und mir ihr Vertrauen und ihre Zeit geschenkt haben.

Isabela Gygax gebührt für die professionelle Mithilfe bei der Herstellung dieses Buches mein größter Dank. Sie hat nicht nur die Fotos bearbeitet und mich bei der Auswahl und Zusammenstellung der Porträts beraten, sondern auch sechs Interviews geführt (Naïma, Brayam, Louis, Giovanna, Anna-Claudia und Qingzhi). Nur dank ihrem Einsatz konnten wir den Inhalt fristgerecht fertigstellen.

Für die großartige Hilfe unterwegs bedanke ich mich insbesondere bei: Subba Rao Murukutla, Meghana Inamdar, Leoba Alpha, Mohammed Aslam, Stefan Eiselin, Amer und Anil Shrestha, Erwin und Pia Burch, Walter Leimgruber, Mariko Morikawa, Oliver Horbelt, Yolande und Joseph Koutou, Joseph Ole Kerore, Chief Kichili, Philipp Kruse, Anna Waldthausen, René La Barre, Pamela Hernandez, Mercedes Morales und Norbert Schott, Aristoteles Vranicas, Jonas Achermann, Selin Kugu, Beatrice und Jenny (Yandup Lodge), Johann Burkhard, Nachy und Alejandro Oses, Zaw Lin Oo, ferner Nil, Kamal, Jojo und Peter (Tufi Dive Resort) sowie Conceição Páscoa Chianese.

Ebenfalls herzlich danken möchte ich Thomas Barth, Sabine Mrljic und – stellvertretend für alle begeisterten Leserinnen und Leser der zwei bisher erschienenen Bände – Christiane Dangel. Sie haben mich ermuntert weiterzumachen und das Projekt mit der Veröffentlichung des dritten Bandes abzuschließen.

Last, but not least gebührt mein Dank meinen Geschäftsfreunden und Partnern: Michaela Gröner, Dieter J. Droesler, Eva-Maria Blasum, Murielle R. Rousseau, Anastasia Merkel, Martin Bartels, Olaf Arnold, Martin Schnetzer, Andreas Graf, Jutta Schuldt, Theres Joss, Veronika Hagen und Herbert Richert. Sie haben in diesem Projekt mehr als eine bloße Transaktion gesehen und mit ungewöhnlichem Enthusiasmus am Erfolg mitgearbeitet.

Daniel unterwegs mit Jenny. Sie begleitet den Autor auf seinem Weg zum
Häuptling Luiz im Dorf Playón Chico (Foto: Esther und Christoph Schlumpf).

Die Deutsche Bibliothek – CIP-Einheitsaufnahme

Herausgeber: Daniel R. Gygax

Umschlag und Gestaltung: Dieter J. Droesler, creARTive, München
Lektorat: Michaela Gröner, saltoverbale!, München
Technische Produktion: Arnold & Domnick, Leipzig
Druck: Lito Terrazzi, Florenz

ISBN 978-3-905832-16-7

Copyright © 2016 Monoquestion AG, Zürich

www.monoquestion.com

Printed in Italy

Was macht Sie glücklich?

Möchten Sie wissen, was Awak, Kasuko, Thao und Ross glücklich macht?

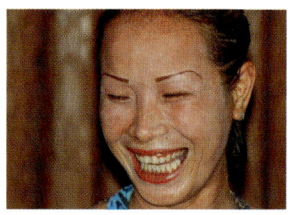

Awak, S. 19   Kasuko, S. 90   Thao, S. 77   Ross, S. 43

Im erfolgreichen Bestseller aus derselben Reihe

»Was macht Sie glücklich?«

geben Ihnen diese vier bereits bekannten Protagonisten zusammen mit 96 weiteren Menschen aus der ganzen Welt
Antwort auf genau diese Frage.

ISBN: 978-3-905832-15-0, Bestellungen bitte unter www.monoquestion.com oder in jeder Buchhandlung.

Was ist Ihr größter Traum?

Möchten Sie wissen, wovon Dany, Ladda, Namunyak und
Fernando träumen?

  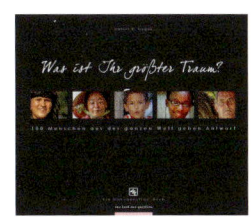  

Dany, S. 83   Ladda, S. 110   Namunyak, S. 108   Fernando, S. 101

Im erfolgreichen Bestseller aus derselben Reihe

»Was ist Ihr größter Traum?«

geben Ihnen diese vier bereits bekannten Protagonisten zusammen mit 96 weiteren Menschen aus der ganzen Welt
Antwort auf genau diese Frage.

ISBN: 978-3-905832-17-4, Bestellungen bitte unter www.monoquestion.com oder in jeder Buchhandlung.

In dieser Reihe sind ebenfalls erschienen:

Was macht Sie glücklich?
Was ist Ihr größter Traum?
Glück, Träume, Freundschaft: Die Box

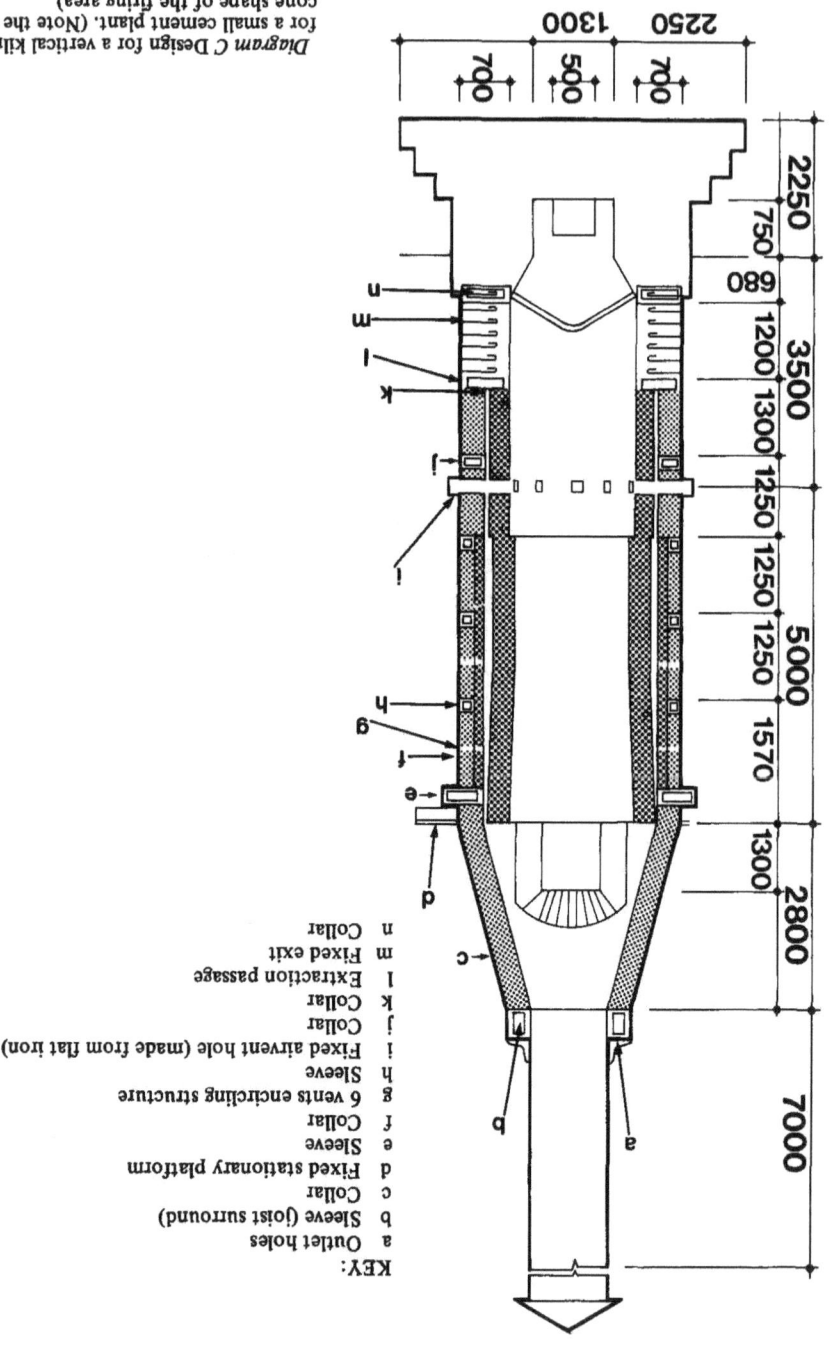

Diagram C Design for a vertical kiln for a small cement plant. (Note the cone shape of the firing area)

KEY:

- a Outlet holes
- b Sleeve (joist surround)
- c Collar
- d Fixed stationary platform
- e Sleeve
- f Collar
- g 6 vents encircling structure
- h Sleeve
- i Fixed airvent hole (made from flat iron)
- j Collar
- k Collar
- l Extraction passage
- m Fixed exit
- n Collar

Small Scale Cement Plants

by Jon Sigurdson

Practical
ACTION
PUBLISHING

Practical Action Publishing Ltd
25 Albert Street, Rugby,
Warwickshire, CV21 2SD, UK
www.practicalactionpublishing.com

First published in 1977
Transferred to digital printing in 2013

A catalogue record for this book is available from the British Library & Library of Congress

ISBN 978-0-90303-146-2 Paperback
ISBN 978-1-78044-333-1 Digital book

Citation: Sigurdson, J. (1977) *Small-Scale Cement Plants: A Study in Economics*, Rugby, UK: Practical Action Publishing https://doi.org/10.3362/9781780443331

Since 1974, Practical Action Publishing has published and disseminated books and information in support of international development work throughout the world. All print editions are produced and distributed via ethical and sustainable print on demand global facilities.

Practical Action Publishing is a trading name of Practical Action Publishing Ltd (Company Reg. No. 01159018 | VAT 880 9924 76). All profits are covenanted back to its parent group, Practical Action (Charity Reg. No. 247257).

The views and opinions in this publication are those of the author and do not represent those of
Practical Action Publishing Ltd or its parent charity Practical Action. Reasonable efforts have been made to publish reliable data and information, but the author and publisher cannot assume responsibility for the validity of all materials or for the consequences of their use.

The manufacturer's authorised representative in the EU for product safety is Lightning Source France, 1 Av. Johannes Gutenberg, 78310 Maurepas, France. compliance@lightningsource.fr

ACKNOWLEDGEMENTS

The printing and publication of this booklet has been made possible by a generous donation from the Claremont Trust. The Intermediate Technology Development Group gratefully acknowledges their generosity.

The illustrations on pages 21-24 are based on diagrams from *Small Scale Cement Factories: Equipment and Construction* (Xiao xing shuinichang shebei anshang), compiled by Ren Fuquan, published and printed by the Chinese Building Industry Press, Peking, China (first published 1959, second edition October 1973). Table 6 and Diagram B are taken from *Small (Scale) Cement Manufacture*, Hunan People's Publishing House, 1974.

The translation of the captions to this material was made by Alison Bailey. The illustrations were re-drawn by Peter Trounce.

Contents

Introduction — 5

Mini-Cement Plants — General — 6

Analysis of the Chinese Cement Industry — 7

Transportation Costs — 11

Comparison With India — 18

Constraints on Mini-Cement Plants — 20

Comparison of Quality — 22

Basic Differences between India and China — 23

Bibliography I
Selected Indian publications on mini-cement plants — 24

Bibliography II
Selected People's Republic of China publications on mini-cement plants — 24

Appendix:
Some examples of Chinese Small Vertical Kiln Design — 25

List of Illustrations

Photographs:

A general view of the plant — 14

A view of the furnace — 15

Weighing materials in the laboratory — 16

Laboratory testing of materials — 17

Diagrams:

Machinery for preparing nodules of limestone and coaldust — 25

Diagram of a vertical kiln — 27

Design for a vertical kiln for a small cement plant — 28

Introduction

This is the first of a series of occasional papers which, it is hoped, may prove useful to planners and decision makers, to government ministries and businessmen who may be involved in rural and urban development.

While this particular paper deals with the economics, the policy and the infra-structure necessary for small scale cement plants to succeed, other papers will deal not only with economic analysis of appropriate technologies but will touch on wider issues of development in poor countries.

These are not technical papers: while they do include a general description of the technology, they concentrate on the social and economic aspects that are involved.

The publication of this paper is particularly timely because the Intermediate Technology Development Group is currently involved in a project to set up a commercial pilot plant in India to produce 25 tons of portland cement a day, in association with the Appropriate Technology Development Association of India.

Jon Sigurdson, the author, is presently Director of the Research Policy Institute, University of Lund, Sweden. He is also author of *Rural Industrialization in China* (1977) and *Technology and Science in the People's Republic of China* (1979).

5

Mini Cement Plants

Mini cement plants have recently attracted attention from international agencies and from industrial economists concerned with development. The substantial research carried out by the Cement Research Institute of India and the more recent activities of UNIDO to provide standardized designs is an outcome of this interest.[1]

The global production of cement was 700 million tons in 1974 most of which was produced in rotary kilns. However, approximately 5 per cent came from vertical, usually relatively small kilns, most of which are located in China. The World Cement Directory gives 72 locations in 17 countries — China not included — which together have more than 200 kilns in operation. (See table 1). The majority of the vertical kilns outside China are found in France, Germany, Italy, Spain and Yugoslavia. In addition, more than 2800 small scale cement plants — usually one active kiln each — are today operating in China.

Table 1
Global Survey of Vertical Shaft Kilns

Country	Number of locations	Number of active kilns	Capacity (tons 10³)	Production (tons 10³)
Algeria	1	1	50	n.a.
Kenya	6	9	700	630
Morocco	1	1	140	116
Rhodesia	1	2	316	269
Zaire	1	4	280	286
Iran	1	2	n.a.	n.a.
Japan	1	10	n.a.	542
Australia	1	2	n.a.	n.a.
Belgium	1	3	n.a.	84
France	7	28	n.a.	n.a.
Germany, West	8	39	n.a.	n.a.
Hungary	1	5	300	n.a.
Italy	24	45	n.a.	n.a.
Poland	1	6	192	148
Spain	14	37	n.a.	n.a.
Switzerland	1	1	55	36
Yugoslavia	7	29	n.a.	n.a.
	72	221	Estimated capacity: 10,000	

Source: World Cement Directory, The European Cement Association, Cembureau, Paris 1972

1. The presentation here is an adaptation from an article *Small Scale Plants in Cement Industry — Use of Vertical Shaft Kiln Technology in China* published in the *Economic and Political Weekly* (Bombay), Vol. XI, Nos.5-7, Annual Number, February 1976. The study of mini cement plants is part of a larger study of local small scale industry in China which is being published by Harvard University Press — *Rural Industrialization in China*, Cambridge, Mass. USA, 1977. Additional research has been carried out during September and October 1976 at the Research Policy Program, University of Lund, Sweden.

Analysis of Chinese Cement Industry

The US Bureau of Mines has in a recent study pointed out that the Chinese cement industry is becoming a world factor.[1] Current output of more than 40 million metric tons is catching up with the leading industrial countries and is continuing to rise. China manufactures ordinary portland cement as well as portland blast furnace slag cement and pozzolana cement.[2]

The most striking feature of the Chinese cement industry is the recent and rapid introduction of vertical shaft kiln technology which is used in most small scale cement plants. The number of small cement plants, almost all of them located in rural areas, has increased from about 200 in 1965 to more than 2,800 in 1975. Total production from small plants has during the same period increased from roughly 5 million tons to an estimated 25 million tons. So, the average size of such plants has decreased considerably – from about 25,500 tons per year in 1965 to 10,100 tons in 1975.

The annual production of cement has tripled in the period 1965-1975 and now stands at roughly 48 million tons. The share coming from small, rural plants has consequently increased from roughly 35% to 57%. Furthermore, most plants are very small. A number of relatively large small cement plants have also been built during the period. Some more information on this development is provided in table 2.

Table 2
Estimated Production in Small Cement Plants in China

Year	Small plants		Big plant	Small plant	Total Production	
	Total number	Total Average Production (million tons)	Production (million tons)	% total Production (million tons)	Total Production (million tons)	
1949						0.7
. . .						
1957						6.9
. . .						
1965	200	25,500	9.9	5.1	34	15.0
. . .						
1969			7.9			
1970			15.5	10.4	40	25.9
1971	1,800	7,400	16.9	13.3	44	30.2
1972	2,400	7,400	19.2	17.7	48	36.9
1973	2,800	7,100	19.9	19.9	50	39.8
1974					>50	41.8
1975	>2,800	>10,100	21.6	28.3	57	49.6

1. Wang Kung-ping: *The People's Republic of China – a new industrial power with a strong mineral base*. Bureau of Mines, US Department of the Interior, Washington 1975.
2. *Cement Standards of the World. A Comparative Summary*. Fourth Edition. Cement Research Institute of India, New Delhi 1975.

8

The purpose of this paper is twofold. First, it describes in a very condensed form some of the reasons for developing mini cement plants in China. Second, an attempt will be made to show that the same technology may not be appropriate in India's economic development (or that of other developing countries) even if justifications for mini cement plants appear to be identical to those in China. That is unless government attitudes and a number of national policies are changed.

The kilns in China's modern small cement plants — usually operated by counties or prefectures — generally have the following features:

1. the feed is uniform nodules obtained from a simple disc nodulizer
2. the kiln is fed more or less continuously by a team of men working on the top of the kiln
3. clinker formation is confined to the upper portion of the kiln
4. draught is usually induced and heat exchange takes place in the lower portion of the kiln
5. clinker discharge is usually discontinuous
6. fuel economy is good because
   a. fuel is being interground into the nodules
   b. there is efficient heat exchange within the kiln
   c. and porous clinkers, which need less energy for grinding

An important consideration may be the fact that the initial smallness of a plant enables the capacity of the plant to grow with the local demand. This may make overall costs lower than if a large capacity plant had been set up from the very beginning.

The production costs in very small plants are initially fairly high, but usually considerably reduced when plant size is increased and the technique is fully mastered. A major reason for achieving comparatively low production costs may possibly be that plants have been constructed using large amounts of idle or scrap equipment. This has then been provided at opportunity costs which have been much lower than if new equipment had been available through central plan allocations.

An industrial handbook lists investment costs for cement plants of different sizes. The investment cost is reported to be 1.2 million yuan for a plant with designed annual production of 32,000 tons which is the standard design for the small cement plants. This gives an investment cost of 37.5 yuan per ton. Larger plants with rotating horizontal kilns give investment costs of 19.5 yuan and 17.6 yuan per ton for plants producing 492,000 and 709,000 tons per year respectively. (See table 3). It should also be noted that the large plants produce a cement of higher quality and that the product in the larger plants is likely to be of a more even quality.

Investment cost reported at my visits to small cement plants in 1971 and 1973 indicates that costs for the 32,000 tons per year plant may be slightly lower than the figures quoted. Coal consumption per ton of cement does not differ significantly for plants of different sizes.

What consequences do the different investment costs per ton cement have on the costs of the finished product? The pricing of cement is ambiguous and dependent

Table 3
Production of cement in plants of different sizes
¥1.00 = US $0.50

Annual production	No. & type of kilns	Cement quality	Coal consumption Total (tons)	per ton	Employment	Investment Total (million ¥)	per ton	per worker	Production per worker (tons)
32,000	2 vertical	400	7.6	238 kg	358	¥1.2	37.5	3,350	89
492,000	2 rotary	500	126	256 kg	810	¥9.6	19.5	11,850	607
709,000	3 rotary	500	168	237 kg	972	¥12.5	17.6	12,860	729

Source:
Site and Transport Planning for Industrial Enterprises. China's Industrial Publishing House (Compiled by Peking Industrial Construction Planning Bureau, Ministry of Construction and Engineering), Peking, January 1963 (first edition)

Table 4
Comparison of investment costs in indigenous small-scale and larger-scale with imported large-scale cement plants

Origin	Plant size (million tons)	Cement quality	Investment	Total (million)	Investment per ton	
Foreign	1.0	>500	≈US $35.0 million	¥70.0	¥70.0	(incl site consterruction)
Chinese	0.032	400		¥ 1.2	¥37.5	(incl site construction)
Chinese	0.79	500		¥12.5	¥17.6	(incl site construction)
Chinese	0.492	500		¥ 9.6	¥19.5	(incl site construction)

on the purpose it is used for. The ex-factory price is around 70 yuan per ton when taxes and planned profits are included. If depreciation, maintenance charges and possible capital charges are calculated to 25% of the investment costs this would then amount to 9.4 yuan per produced ton in the 32,000 ton plant and 4.4 yuan for the largest of the two mentioned plants using rotary kilns. There are, of course, other economies of scale. The wage costs become relatively less important with increasing plant size. Coal consumption per ton cement does not differ significantly for plants of different sizes and there is no reason to believe that electricity consumption would be significantly higher per ton cement in a small plant compared with a big one.

In the field of cement manufacture China is also using foreign technology to its advantage but not complete plants. According to a business report, the Machinery Export-Import Corporation has been discussing the importation of certain critical equipment for a cement plant with a production capacity in the range of 1.0-2.0 million tons per year. The total investment costs for a plant with an annual capacity of 1.0 million tons per year would be US$35.0 million (1975). If this amount is converted into yuan at the official exchange rate and is calculated as costs per ton cement it would amount to 70.00 yuan per ton which would include as costs of site construction and all peripherals. This is considerably higher than the domestic alternatives as presented in table 4.

In a report commissioned by UNIDO in 1973 it is claimed "Today it is possible to build a vertical kiln cement plant at a fraction of the cost of conventional plants, which permits the economical establishment of a cement industry on a small scale". The author, Steven Gottlieb, points out that "during the late fifties studies were conducted and published about a new modernized vertical kiln which led to a better understanding of the processes involved in it. Based on this work, substantial improvements were made — vertical kiln plants were built which proved that they can produce uniform and excellent quality cement, in smooth, troublefree operation. Vertical kiln cement proved to be competitive in every respect, performing well in the most involved concrete structures, such as concrete platforms for oil drilling in the sea bed off shore in Australia ...".[1]

In a more recent UNIDO report[2] it is argued that "... a plant producing 100,000-120,000 t/a would be the most economic size. However, this may not be the case as a high degree of standardization and on-site manufacturing could bring down costs considerably. For instance, according to investigations made by the Cement Research Institute of India (CRII), New Delhi, the most economic shaft kiln would have a production of 25,000-33,000 t/a.

The CRII has also carried out extensive investigations regarding shaft kiln operations. Indian experts have designed, fabricated and successfully operated, for more

1. *Development note for the calcining and sintering of cement clinker and other materials in a new shaft kiln*, prepared for UNIDO by Steven Gottlieb, UNIDO/ITD, 223, 13 November 1973.
2. *Development of Appropriate Technology for Small-Scale Production of Portland Cement in Least Developed Countries and Regions* RP/INT/76/021 (16 September 1976). The report is based on the work of Harald C. Boeck, who on a UNIDO mission visited four shaft kilns and one cement plant with a test kiln for an oil-fired shaft kiln.

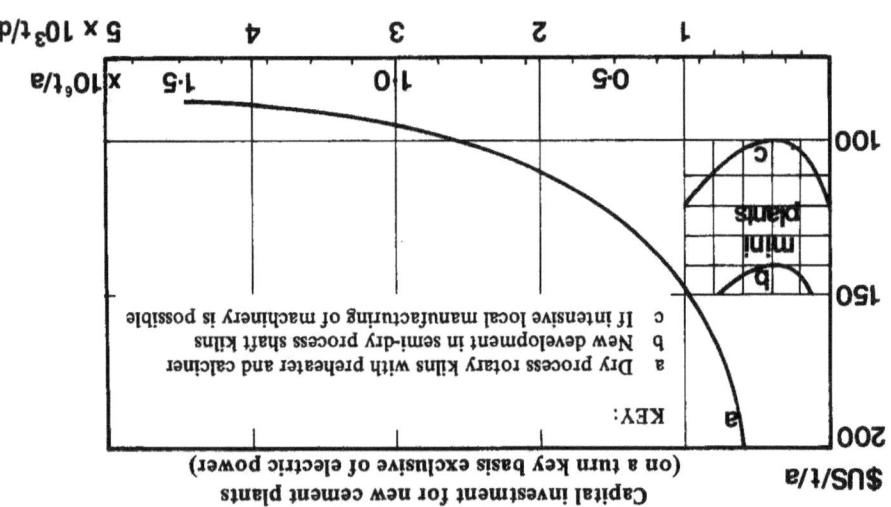

$US/t/a

Capital investment for new cement plants
(on a turn key basis exclusive of electric power)

KEY:
a   Dry process rotary kilns with preheater and calciner
b   New development in semi-dry process shaft kilns
c   If intensive local manufacturing of machinery is possible

mini plants

5×10^3 t/d $\times 10^6$ t/a

than two months, a 2 t/d shaft kiln producing quality clinker. It is interesting to note that solar energy is used for drying nodules".

When deciding location, size and technology for the cement plants it appears that in China transportation costs are much more important than investment costs per ton of finished product. That is to say that economies of scale due to reduced investment costs per ton of cement for large centrally located plants rarely compensate for the increased transportation costs compared with widely distributed smaller plants. Now production costs depend on the efficiency of the plants and many of the small plants are of course initially much less efficient than the larger plants. However, because of the lumpy character of some production factors of the large plants, the demand may not immediately match the production capacity. A lowered utilization of capacity would then immediately lead to higher production costs. Local manufacture of cement can, according to available reports, be achieved in a small plant of standard design with a capacity of 32,000 tons per year at approximately 40 yuan per ton. A substantial number of China's more than 2,000 counties have all the necessary raw materials for producing cement. And press reports from China now mention that small cement plants have been set up in 80% of all counties. There can be no doubt that the high costs of transport – in the absence of railways or waterways – have been a significant factor in the Chinese emphasis on local manufacture in relatively small plants were the plant capacity has been chosen to match the market requirements of a county or part of a county.

Transportation Costs

To understand this fully, it is necessary to look more deeply into the question of transport costs. The transportation system is, compared with industrialized countries, underdeveloped in many parts of China. Railway or cheap water transport is not generally available. A majority of the more than 2,000 counties have to rely on small lorries, horse-carts or still more primitive means of transport. The relative

Table 5
Transportation Costs in Hopei Province

Railway	¥ 0.010/ton km	(100 km coal)
	¥ 0.015/ton km	(100 km pig iron)
	¥ 0.017/ton km	(100 km cement)
	¥ 0.018/ton km	(100 km steel)
	¥ 0.027/ton km	(100 km steel products)
	¥ 0.045/ton km	(100 km fertilizer)
Lorry	¥ 0.24/ ton km	(flat rate)
Horsecart	¥ 0.21/ ton km	(11-15 km)

transportation costs in the early '60s in Hopei province (where Peking is located) are given in table 5. The apparently high costs for transporting by lorry may reflect the use of small capacity vehicles, poor roads and also a conscious shadow-pricing of this means of transportation.

The influence of transport costs can more easily be understood by looking at two different alternative ways of meeting an assumed annual demand of 32,000 tons in each of nine counties. It must be assumed that an average region with nine counties would cover approximately 22,500 km^2. The general policy today is that each county — where raw materials are available — should have its own cement plant. The centralized alternative is to build a rotary-kiln plant producing 9 x 32,000 tons annually. To minimize transport costs this would then be located in the centre of the region. See figure on page 13.

The average increased distance (alternative 1) for sending cement to the county centers — before redistribution — would be:

$$\frac{4 \times 50 + 4 \times 70}{6} = 53km$$

In the absence of cheap railway or waterway transport the cement produced centrally would then have to be manufactured at a cost which is at least:
53 x ¥0.24 = ¥12.70 lower than cement produced in the county centers if transported by lorries. If transported by horse and cart the costs of the central plant must be at least 53 x ¥0.41 = ¥21.70 lower in order to complete with cement produced locally in the counties.

It therefore seems likely that the cost difference between big rotary kilns and small vertical kilns is not sufficient for centrally located plants to be built to meet the counties' need for cement, particularly so when other factors — favourable to the smaller local plants — are taken into consideration.

It should be noted that in certain counties some regions are covered by railways or waterways, which provide cheap transport. On the other hand, there are many regions — in urgent need of cement — where transportation costs are much more in favour of local cement plants than in the example discussed above.

However, it should also be noted that cement produced in small local plants must be consumed locally if the reasoning above is to be correct. It also assumes that the costs of transporting the raw materials should be equal.

The widespread diffusion of mini cement plants has had a considerable effect on employment. A small plant producing 20,000 tons per year employs around 200

persons. The total increase in industrial employment in small scale cement plants would then correspondingly be at least 140,000 persons. A substantial number of rural plants are smaller and more labour-intensive than the example cited here.

Thus it can be safely assumed that the total direct employment effect from rural cement plants (manufacturing only) would amount to at least 250,000. This number is at least 10 times higher than employment would be in a small number of modern large scale cement plants producing the same quantity of cement and using a rotating kiln with an annual capacity of roughly 500,000 tons.

There are other important labour force considerations aside from the direct employment effect. Firstly a large number of people are being trained in the process of industrial technology. Secondly, a sizable number of people inside production units have received training in organizational skills. A smaller but still sizable number have been trained in administrative skills relating to the procurement of machinery and raw materials, distribution of products and coordination with other industrial units.

To understand the development of mini cement plants in China it is necessary to see a particular plant and the industrial sector as elements in a complex system. This industrial system must be analyzed at the regional, sectorial and national level. The system must provide consistency if a certain manufacturing technology is going to be introduced into it.

Consequently, when formulating plans for the role of rural technologies and small scale industries these must not be seen as an end in themselves. Usually, each segment of small scale industry in most developing countries has tended to be considered in isolation. Questions of scale and technology have usually been dealt with, constrained by the existing system, within a narrow framework of policy and short time horizons.

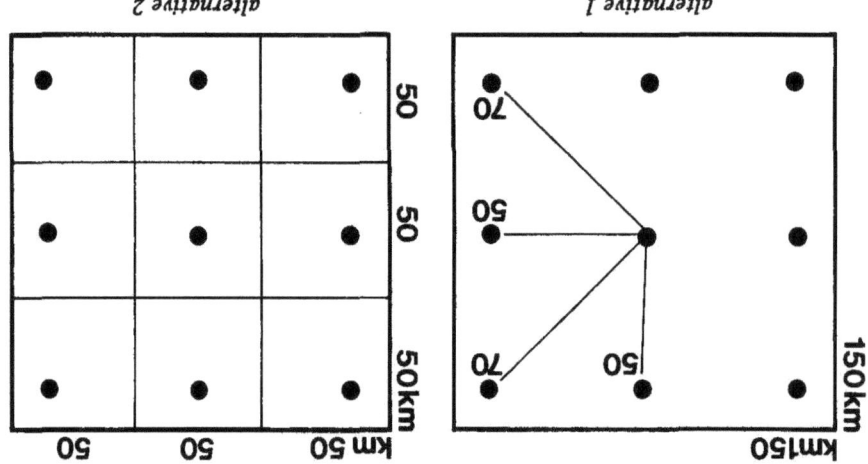

Alternative plant locations

alternative 1   *alternative 2*

A general view of the plant. The kilns are on the right and the silos are on the left.

A view of the furnace. Clinker discharge is on the right.

Weighing materials in the laboratory.

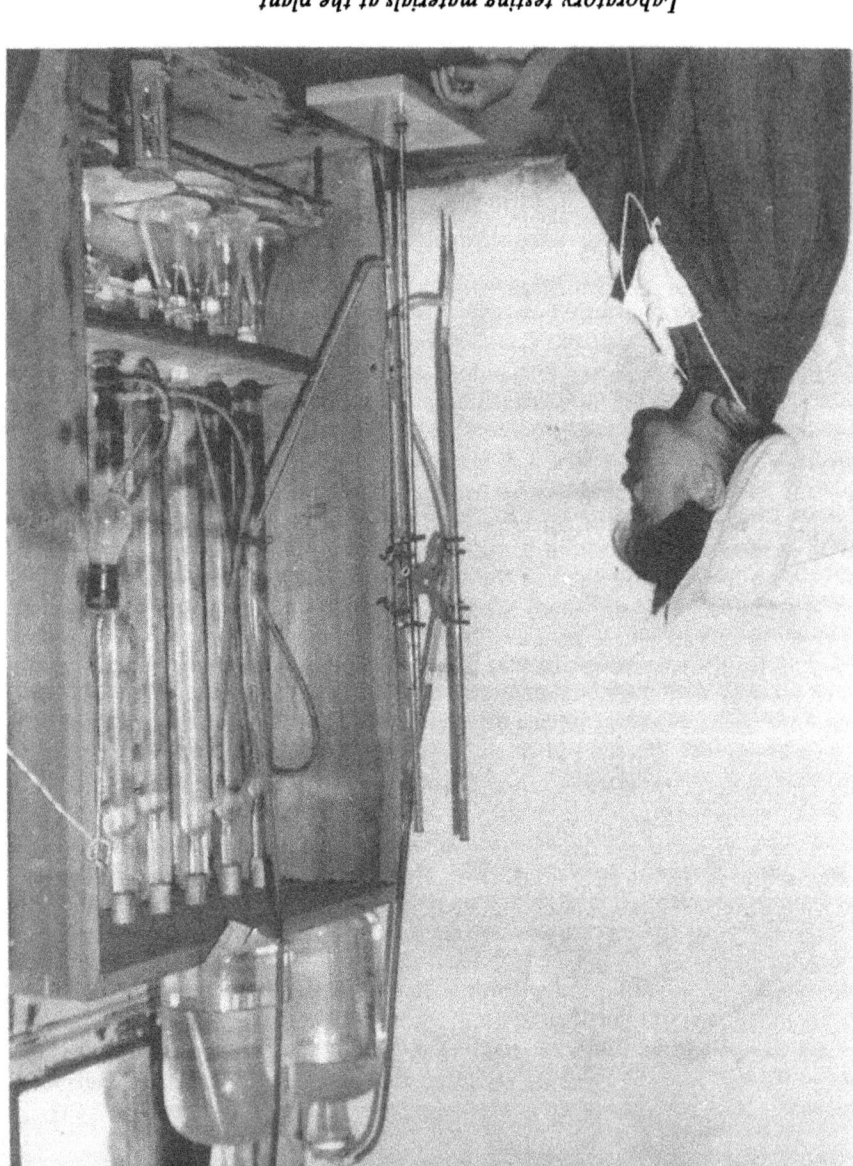

Laboratory testing materials at the plant.

Comparison with India

The local small cement plants – aside from farm machinery and local engineering – provide one of the most successful examples in China of using alternative technologies for rural industrial development. The question immediately arises why this approach has not been duplicated in other developing countries. However, the feasibility of small cement plants has been studied and I will use such information to bring out certain similarities and differences.

I have chosen a comparison with India for several reasons. First, the level of economic development is similar to that of China. Second, the justifications and constraints generally apply to India as well. Third, the order of magnitude of cement production in the two countries is the same. However, China today manufactures 57% of her cement in small plants while all the production in India comes from conventional large plants.

Recently, the development of mini cement plants in India has been promoted by the Ministry of Industrial Development through the Appropriate Technology Cell. The Cement Research Institute of India has been commissioned to carry out a number of studies. According to these, mini cement plants are justified in a large number of locations and production costs are claimed to be close to those in big plants – at least under laboratory conditions – according to the Institute.

Experimentation in small scale cement plants in India can be traced back to the Indo-Chinese War in 1962 when people within the Indian Defence establishment took a number of initiatives designed to provide localities in outlying areas with cement plants. A pilot plant at Jorhat in Assam is obviously such an example. However, Science Today (Bombay) reports in a special section on cement in the January issue 1975 that "the shaft kiln technology has not become popular in the country. The first shaft kiln was put up rather hurriedly by the defence scientists in a Border area in 1963 with imperfect know-how and transferred to the Tamil Nadu Industrial Development Corporation the same year. The plant failed".

In the early '70s the chairman of a working group on small sized plants requested a group of three persons to:

1. Assess the comparative costs of setting up different sizes of cement plants along with the costs of raw materials and other inputs required
2. To make suggestions regarding location of small size plants
3. To find out the possibility of supplying a package plant including nodulizer, shaft kiln and other components.
4. To prepare a cement map of India giving details regarding size and location of existing cement plants.

A number of small plants have been set up, on an experimental basis, all of which were evaluated by the group. A detailed examination of the existing four experimental plants revealed that economic viability could not be ascertained for two of them. Certain doubts were also expressed about the quality of cement. Available technical and economic data from the remaining two plants enabled the working

group to conclude that "depending upon the availability of mineral deposits, installation of . . . cement plants of 30-tonne and 100-tonne per day capacity can be deemed appropriate". This size range would most likely include the major part of the cement produced in small plants in China – if not the total number of existing small plants.

Designs of mechanical supports for the various operations such as conveyor systems, silos, nodulizers and kilns depend on the types of raw materials used and the scales on which the operations are carried out. Technologically there is no special factor restricting the scaling down of the process. However, the process must be economically viable – at least when all external factors are taken into consideration.

The group further argued that the location of small scale cement plants in different regions of the country depends on the availability of basic raw materials and that transport costs need not be a constraint if the cement is produced where the market is. Furthermore, as vertical shaft kilns are utilized for producing limited quantities of cement, the marketing would not be a main constraint. Consequently small scale vertical shaft kiln cement plants can be located in areas where com-munication and transport facilities are not well developed but where limestone and coal are available in limited quantities sufficient to sustain the plant for about 20-25 years.

On the basis of these criteria the group prepared a list of approximately 35 locations suggesting that either plants of 30 tonne per day or 100 tonne per day should be set up in these places. It was further suggested that a phased programme should be initiated and that seven primary locations should be chosen so that their experience could be used in the remaining plants to be set up later on. However, no such programme has been initiated and there are a number of contributing factors which have hindered duplication of the Chinese approach in India. Primarily, the plant designs and technical process may not have been fully developed. Consequently, economic and technical data were not sufficient to convince either central planners or local entrepreneurs.

A number of technical details are of critical importance. Among these are quality of fuel, the temperature at which ash forms, the preparation of the size of nodules, patterns of feeding, and draught control. The cone angle must differ for various materials.

The Cement Research Institute of India (CRI) today claims to have solved all the technical problems and to have achieved a breakthrough in the design of the rotary grate and the transmission for its drive. CRI has studied the interaction of cone angles and various materials in order to get high quality clinker. CRI also claims to have developed an excellent design for a rotary nodule feeder operating at the kiln top.

All this indicates that India has achieved a technical competence in the design of mini cement plants that matches or surpasses China – at least under laboratory conditions.

Constraints on Mini Cement Plants

"Feasibility" of mini cement plants is influenced by the demand situation. The projection for cement demand in India is now being lowered with consequences for the mini cement plants — as the demand can now more easily be met within the existing industrial structure. However, we can assume that there is a demand for the small plants. But it should be realized that the viability of small cement plants is at least partly a reflection of demand created through substantial public works programmes and other construction activities in rural areas. More such activities may be implemented in China than in India.

It is of interest here to consider that the rural demand for cement in China in the period before 1965 was partly met by deliveries from urban-based cement plants. As a consequence of increased self-sufficiency in rural areas, that production in urban areas which was previously allocated for rural consumption has now been reallocated to a considerable degree for urban projects. As a result, the expansion of rural cement plants has had the effect of making more cement available for urban projects without corresponding investment in the urban-based sector of the cement industry. Most of the small cement plants have been built by counties or people's communes which have raised funds, procured local equipment and trained technical personnel locally.

Further, it appears that the existence of a relatively under-developed transport system in China has favoured the proliferation of mini cement plants. This may indicate a smaller role for such plants in India than in China. This becomes more obvious when the length of the railway network is compared — it is 95,000 kilometres in India compared with 48,000 kilometres in China serving a larger area.

There are a number of further constraints:

1. The development of design has now been completed and it may be fully tested. But considerable development costs have still to be covered to carry out local adaptation to sort out teething problems and train local technicians. A local entrepreneur may have certain apprehensions with regard to these problems and the costs they are likely to incur. The risks involved may produce a bias in favour of technology in well established large plants.

2. Still more constraints are likely to be found at national level, namely the problem of national transport policy; and the influence of the Association of Cement Manufacturers. The mini cement plants are no doubt seen as a potential threat to access to raw materials, as well as a threat of a reduced or at least a more slowly growing market. The Association is therefore likely to influence industrial licensing policy in favour of the big plants.

Now, it is important to analyse the wider ramifications as to where the particular kind of intermediate technology used in mini cement plants should be placed. It appears that national policies have completely eroded one of the more important base elements for mini cement plants — that of providing for captive local markets. In a report from the Tariff Commission[1] published in 1974 it is pointed out that

1. Report on The Comprehensive Review of the Cement Industry and Revision of Fair Ex-Works Prices Payable to the Producers. Government of India, Tariff Commission, Bombay 1974.

regional balance in the cement industry has at least partly been influenced by the present system of freight pooling and fixing of selling price on f.o.r. (free on rail) destination basis. The basic principle underlying the concept of freight pooling is that cement should be made available in different parts of the country more evenly and more or less at a uniform price. Until 1974 the freight, was equalized only up to the nearest railhead.

However, the special circumstances and the justification for mini cement plants is no doubt realized, as indicated in the following extract from the Tariff Commission's report:

"Even though the normal trend should be to have plants of bigger and bigger size, it does not obviate the necessity of having to put up some small plants in special circumstances, geographical or otherwise where plants of bigger size may not be appropriate. For instance, in hilly regions or areas which are difficult of access there may not be adequate transport facilities for transporting large size kilns. Moreover, in such places, demand may be relatively small but transport of cement from elsewhere quite expensive on account of the freight and other transport difficulties involved. It will be in the overall national interest to locate smaller plants at such places provided adequate limestone deposits are within easy reach. This approach will not only correct regional imbalances but will also cut down necessary long rail haulage and heavy transport costs".

But, the report also includes the following comment from the Ministry of Industrial Development:

"Government agree with the Tariff Commission that in the interests of overall economy of the country and that of the consumer, the freight pooling system should be continued to ensure the equal availability and uniform price of cement all over the country. The position may be reviewed towards the close of the Fifth Plan period to see if any modifications are called for in the system".

It was then decided to accept " . . . the suggestion of the Commission that the freight pooling should operate at least up to all the district headquarters in areas which are not served adequately by the railways. The cost of transport from the rail head to the district headquarters by road would be covered by a freight pool in accordance with the formula for road transport of cement as may be applicable from time to time".

Having attempted to analyze the role of mini cement plants in China I would argue that the freight pooling system in India has eroded an important element — the economic base that would justify mini cement plants, i.e. captive markets for local demand.

This is also surprising in the light of the arguments put forward by the Railway Board:

"The Railway Board has stated (1973) that the regional imbalance in the production of cement without any relationship to demand is encouraged to a great extent by the existence of a uniform f.o.r. (free on rail) through (ill) the scheme of equalization of freight. As a result rail transportation charges need not be taken into account by the products when locating their plants".

The Railway Board calculated that with proper distribution of cement factories in different parts of the country in accordance with the demand, the railways could have moved over 18 million tons of cement in 1970-71, instead of the 11 million tons actually transported, deploying the same quantum of resources.

This is one example indicating some of the elements which require to be brought in line if appropriate technologies are going to be used.

Comparison of Quality

The quality of the cement is another dimension where India and China have opted for very different approaches. Robin Spence who has made a study of alternative cements in India points out "All the Indian pilot plants have been concerned with the production of Portland Cement to meet in full the requirements of the Indian standards. Otherwise, it is argued, no market for the cement will be found. This implies a level of technology, as well as management, supervising skill and quality control, which it would be difficult to provide in each of a large number of small plants".[1]

The Chinese planners have accepted a quality differential even if they have attempted to produce a high quality cement which can be used for most purposes. The managers of small scale plants in China claim that the quality number of their cement usually exceeds 400. This means 400 Kp per cm² and is the test value when measuring compressive strength after 28 days. This corresponds to 39.5 MN/m². Altogether there are, in accordance with state regulations, six classes of cement — in terms of compressive strength. These are 200, 250, 300, 400, 500 and 600 kp/cm². Assuming that testing methods are comparable with those specified by British Standards Institution, the cement produced in small scale plants compares favourably with portland cement from large scale plants. However, recent visitors to small scale cement plants in China have questioned the quality statements and claim that the locally produced cement would fall in the range of 250-325 if tested according to British (BSI) standards. In spite of this controversy, the Chinese use of locally produced cement for most construction purposes in rural areas has not been questioned on quality grounds. The quality, in terms of strength, of locally produced cement is lower than cement produced in large rotary kilns, and the quality is on the whole likely to be uneven. This leads to the conclusion that these localities will have to ''import'' cement of higher qualities for certain projects where a higher quality is required.

The quality of cement used for various purposes in rural areas is spelled out in a recently published book.[2] The products covered include irrigation works, building blocks, bridges, ferrocement boats, pipes, cement rollers and a number of other products. According to this information, based on the experience of specific production units located all over the country, almost all products can be manu- factured using No. 400 cement. However, the ferrocement boats require No. 500 cement. The same requirement applies to structural elements when building houses. Even if it has not been proved without doubt that small scale cement plants are feasible in India it appears that the country could provide conditions for setting up

1. *Alternative Cements in India*, by Robin Spence (Intermediate Technology Development Group), London 1976 (unpublished).
2. *Cement Products For Rural Uses*, China's Construction Industry Publishing House, Peking, September 1974 (First printing).

a relatively large number of small vertical shaft kilns in a number of locations. However, a number of constraints — some of which have been mentioned — continue to hinder this development.

Basic differences between India & China

The basic difference between India and China in promoting mini cement plants appears to be as follows: in India the promoters have only treated the "hard" technology of cement manufacture. They have almost overlooked the small business-man's problems and not considered the need for comprehensive system approach. Organization-building, overall economics, cultural considerations and community development have been separated from the "hard" technology of machines and equipment and have been only marginally dealt with. In China, on the other hand, it is the softer technologies that have received the major emphasis in the design of projects and the implementation of programmes. However, the Chinese softer technologies are only vaguely known and require to be better monitored, assessed, documented and disseminated outside China.

Postscript

The Cembureau publication of 1977 lists less than 100 vertical kilns. Many kilns are reported ready for production but the number of kilns actually in operation was only 68 in late 1978 — according to information from Loesche GMBH, Dussel-dorf, West Germany — because production from the remainder is not economical in view of the overcapacity in Europe and elsewhere.

In China, however, total cement production reached 54 million tons in 1978 with more than 50% manufactured in mini cement plants.[1]

Available evidence clearly indicates that the small scale cement plants are suitable only when justified by market, raw material and fuel conditions and not because of employment effects and infrastructure development. This has also become evident in China where the National Conference on Building Materials Industry in 1978 pointed out that among the problems urgently needing solution was the "mechani-sation and automation of small scale cement industries".[2]

In a news release in early 1979, the Indian Government, acting on the Loveraj Kumar committee report on the cement industry, announced various incentives for the establishment of mini cement plants.[3] The Government considers the establishment of a larger number of mini cement plants as one of the important measures for achieving a rapid increase in the production of cement. This will result in "exploitation of smaller limestone deposits, dispersal of cement production capacity all over the country, reduction of the burden on railway transportation, lower capital costs and quicker installation, and higher employment, especially in rural, hilly and other inaccessible areas".

Apart from having entered the field much too late there appears to be a number of shortcomings in the Indian programme. If credence is given to investment costs as reported from Chinese sources and from cement engineering companies else-

where, it appears that there is little likelihood that investment costs per ton of production would be lower for the small cement plants.

Bearing in mind the earlier discussion it is doubtful that the scheme will work even if the plants are given a considerable rebate on excise duty for a period of five years and a number of other fiscal incentives. The ex-works price of cement produced by mini cement plants will be the same as the price allowed for the big plants — although the mini cement plants will bear their own distribution costs and will not be required to adjust for the freight element discussed earlier. The choice of technology will be left to the entrepreneurs concerned even if the Cement Corporation of India were to enter the field to set up mini cement plants as a promotional effort.

1. Hsinhua, Peking, December 5, 1978. *Hsinhua News* (Stockholm). 1978. No.290.
2. Close of National Conference on Building Materials Industry. NCNA. August 29, 1978. BBC FE/5906/B11/3.
3. Press Note: Incentives for establishment of mini cement plants Ministry of Industry (Department of Industrial Development). New Delhi. January 4, 1979.

Bibliography

PRC – People's Republic of China

There are three major categories of Chinese-language technical literature known to the author:
1. General handbooks
2. One series of technical reprints, first published in 1973
3. One series of technical (specialized) material, first published in 1972 (generally published in 10,000-20,000 copies).
Selected items from the three categories are listed below.

Small (Scale) Cement Manufacture. Hunan People's Publishing House, November 1974.
Installing Small Scale Cement Factory Equipment (Enlarged edition). Compiled by Ren Fuquan, China's Building Industry Publishing House. First edition October 1959. Second edition October 1973.
Collection of Experience in Technical Innovations in Cement Industry., Vol.1. China's Building Industry Publishing House. First edition July 1974.
"Small Cement" Technical Reprints. Published by China's Building Industry Publishing House.
    a) *Cement Manufacturing Knowledge*
    b) *Raw Materials*
    c) *Pulverization*
    d) *Burning.*
    e) *Production Equipment*
    f) *Chemical Analysis and Production Control*
    g) *Simple Physical Testing*
    h) *Cement without Fuel*
Collected Standards For Cement. Vol.1. (Shuini biaozhun huibian). Technical Standards Publishing House. Peking, 1970. 2nd printing 1973.

Selected Indian Publications on Mini Cement Plants

* 1. *Techno-Economic Feasibility Report for Setting Up Mini Cement Plants in North-Eastern Region of India.* May 1975 Cement Research Institute of India (CRII). (Sponsored by Ministry of Industry and Civil Supplies). Mimeographed. 158pp.

* 2. *Feasibility and Engineering of Mini Cement Plants in India.* March 1976. CRII. (prepared for National Committee on Science and Technology).
* 3. *Improvements in Nodulisation for Vertical Shaft Kiln.* CRII. January 1975.
* 4. *Design of Refractory Cone for Vertical Shaft Kiln.* CRII. February 1975.
* 5. *Design of Grate Drive System for Vertical Shaft Kiln.* CRII. April 1975.
* 6. *Trial Runs on the Mini Cement Plant at CRI Muduvathar.* CRII. April 1975.
* 7. *Modifications of Mini Cement Plants at Muduvathar before Second Trial Runs.* CRII, August 1975.
* 8. *Vertical Shaft Kiln Precalcinator* CRII. October 1975.
  9. *Vertical Shaft Kiln for Cement Production: Feasibility Report.* Regional Research Laboratory, Jorhat 1971.
10. *Report of the Sub-group on Scaling Down Cement Plants* published in Group Reports, Second National Seminar on Appropriate Technology, Appropriate Technology Cell, Ministry of Industrial Development and Science and Technology, New Delhi. (1973).

11. Project proposal and feasibility data for a 25 ton/day mini cement plant by The Appropriate Technology Development Association (ATDA), Lucknow. Background paper UNIDO International Forum on Appropriate Industrial Technology. ID/WG. 282/33. 2 October 1978.

*   Source: Dr. J.C. Misra, Cement Research Institute of India, M-10 NDSE 11, New Delhi 110049.

Appendix: Some examples of Chinese small vertical kiln designs

The illustrations and text have been extracted from *Small Scale Cement Factories: Equipment and Construction* (Xiao xing shuinichang shebei anshuang), compiled by Ren Fuquan, published and printed by the Chinese Building Industry Press, Peking, China (first published 1959, second edition October 1973). Table 6 and Diagram B are taken from *Small (Scale) Cement Manufacture*, Hunan People's Publishing House, 1974.

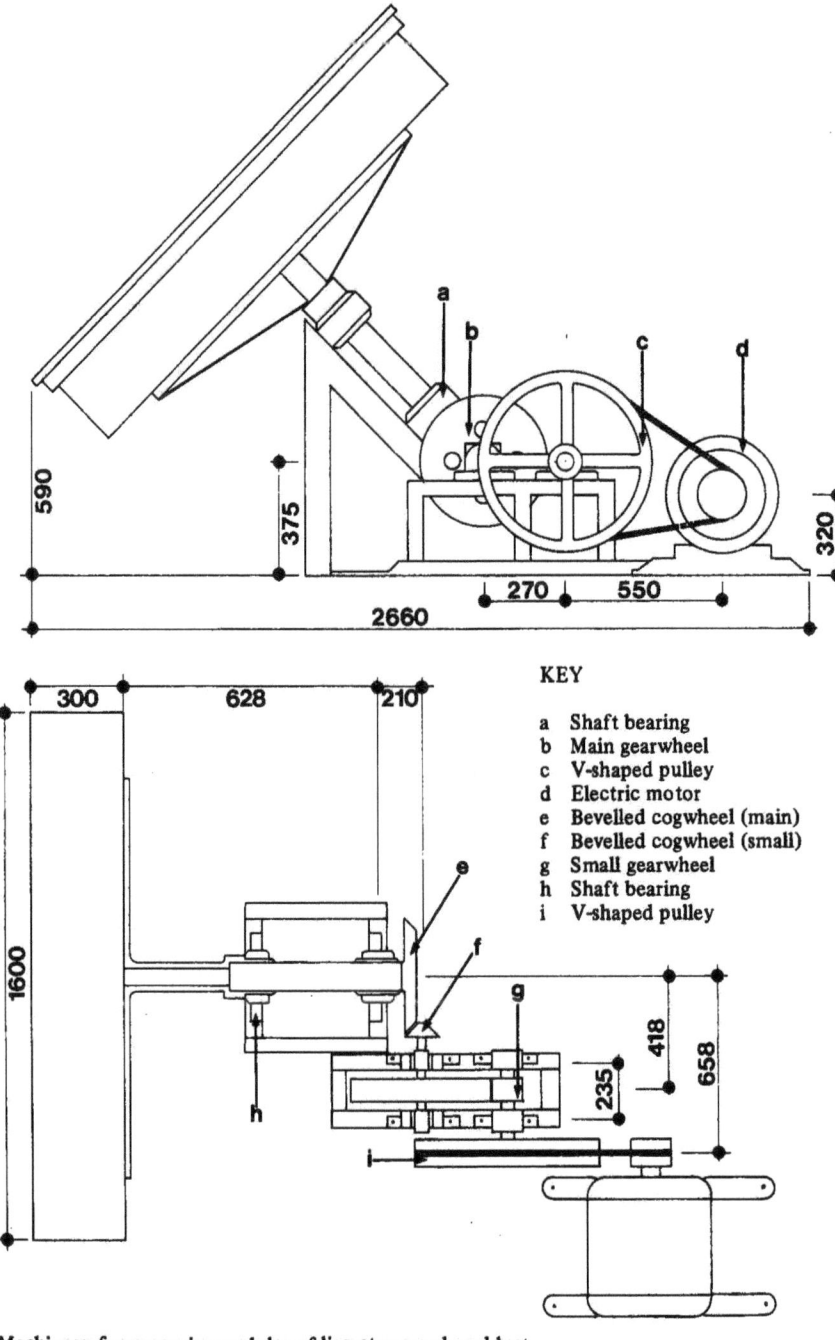

KEY

a   Shaft bearing
b   Main gearwheel
c   V-shaped pulley
d   Electric motor
e   Bevelled cogwheel (main)
f   Bevelled cogwheel (small)
g   Small gearwheel
h   Shaft bearing
i   V-shaped pulley

Machinery for preparing nodules of limestone and coaldust

Table 6
Table of dimensions for kiln structures
(In millimeter units)

Kiln Number	I*	II*	III	IV	V	VI	VII
A	2500	2000	1500	1200	1000	800	600
B	2700	2200	1600	1300	1100	900	700
C	3000	2700	1900	1600	1300	1000	800
D	1100 x 2	900 x 2	1000	800	600	400	300
E	4000	3200	2800	2400	2000	1600	1200
F	6000	4800	4200	3600	3000	2400	1800
G	2700	2200	1100	1000	800	600	400
H	10000	8000	7000	6000	5000	4000	3000
I	15000	12000	10000	9000	7500	6000	4500
J	2400	2000	1600	1500	1400	1300	1200
K	1500	1400	1200	1000	800	600	400
Kiln gate L	1100	1400	900	700	700	600	500
Width	1100	1000	800	600	600	500	400
No.	4	2.3	2	2	1	1	1

*(This kiln should be flexible enough to be changed to a mechanized vertical kiln.)

[1] E.g. in col II of the dimension table set out above, the inner diameter of the upper section of the kiln is 2.7m (C), the diameter of the middle section is 2.0m (A), and the diameter of the lower section is 2.2m (B). The kiln is 8.0m high – the best height:width ratio for the whole kiln is 1:4 or 1:4.2. The preheated area of the kiln's upper section is enlarged and so is bell-shaped.

When the raw material has been heated, it solidifies, reducing in volume at the same time. This means that it sinks into the section with the smaller diameter and fills the space. When the current of hot air rises the speed of the current decreases at the mouth of the bell-shaped section and so combustion below the material stays comparatively uniform. This prevents the raw material falling down the sides and causing the fire to blaze up.

Another advantage of this kiln is that cooling in the inner diameter area is diminished. This causes the air current to increase in speed which raises the cooling rate of the heated material. The cooling area of the inner diameter is a practical feature.

The reason for choosing this type of kiln is that the manufactured product is high in both quality and output, while the coal consumption remains comparatively low. (Refer to the table above and the illustration opposite for details of the kiln design).

1. This is an edited version of a translation from Chinese. Material has been faithfully copied from the original. However, there appears to be a proportional discrepancy between the figure given for G in Table 6 and the drawing, Diagram B. We can only assume that this is the result of an error in the original publication.

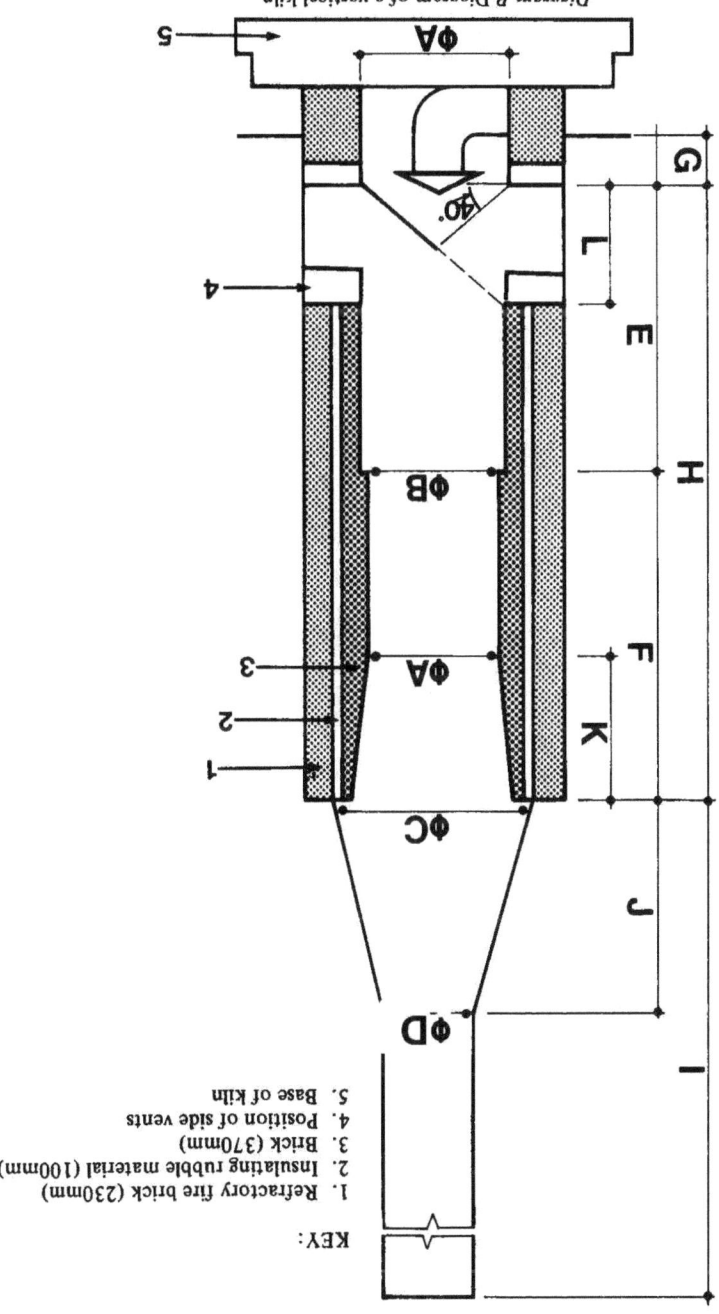

Diagram B Diagram of a vertical kiln
(Note: See table 6 for dimensions)

KEY:

1. Refractory fire brick (230mm)
2. Insulating rubble material (100mm)
3. Brick (370mm)
4. Position of side vents
5. Base of kiln